10~16岁青春期亲子沟通心理学

刘春芸◎著

中国纺织出版社有限公司

内 容 提 要

青春期是孩子成长的关键期。在这个阶段，孩子开始努力探索内在与外在的世界，并逐渐独立于父母。同时，身心的剧变也使得他们出现了诸多的困惑，诸如生理、心理、学习、人际、情感等各方面。他们更容易由迷失走向叛逆，他们比任何时候都更难沟通。此时，父母又何尝不苦恼……

为什么和青春期孩子的沟通变得如此艰难？作为青春期孩子的摆渡人，我们又该如何与他们沟通来帮他们顺利成长呢？

本书从发展心理学的角度解析沟通之道，为父母提供与青春期孩子沟通的具体案例、科学的青春期孩长成长规律以及实用性非常强的方法、技巧，帮父母重建亲子沟通方式，实现优质高效的沟通效果，使父母和孩子一起解决成长中的问题，并从问题中完成成长的蜕变。

图书在版编目（CIP）数据

10～16岁青春期亲子沟通心理学 / 刘春芸著. --北京：中国纺织出版社有限公司，2020.7
ISBN 978-7-5180-7389-4

Ⅰ.①1… Ⅱ.①刘… Ⅲ.①青春期—家庭教育 Ⅳ.①G782

中国版本图书馆CIP数据核字（2020）第076548号

责任编辑：江　飞　　责任校对：韩雪丽　　责任印制：储志伟

中国纺织出版社有限公司出版发行
地址：北京市朝阳区百子湾东里A407号楼　邮政编码：100124
销售电话：010—67004422　传真：010—87155801
http：//www.c-textilep.com
中国纺织出版社天猫旗舰店
官方微博http://weibo.com/2119887771
佳兴达印刷（天津）有限公司印刷　各地新华书店经销
2020年7月第1版第1次印刷
开本：710×1000　1/16　印张：15
字数：184千字　定价：49.80元

前言

改善亲子沟通帮孩子顺利走过青春期

就在昨天，孩子还是一个听话的乖乖女孩或阳光男孩，但仿佛一夜之间，十几岁的孩子就像变了一个人。

“我曾经的小棉袄，现在变成一个小刺猬。让我如何受得了？”

“儿子以前经常和我们散步聊天，可现在一回到家就塞上耳机，不喜欢和我们说话。”

“女儿最近在洗手间打扮的时间太长了，她还悄悄和男生发信息，无意中听到那位男生发来的语音，我真是担心啊。”

“曾经的学霸儿子现在快成学渣了，他想转学，我们问他为什么，他就是不说。”

“长得比我高的女儿，俯视我说‘能不能安静点，你总是太唠叨了。’”

“儿子总喜欢顶嘴，这次更严重，他竟然真的离家出走了一天！幸亏我们找到了他。”

……

在这段令人困惑而又不可思议的时期，孩子们的变化太快了。他们不再缠着父母撒娇，不再听得进父母的劝告，不再想哭就哭，想笑就笑，他们已经不习惯向父母寻求帮助。父母们甚至会有这样的想法：我已经不认识他了。他还是我的孩子吗？可以说，在青春期，父母与十几岁孩子之间的冲突比以往任何时候都剧烈，父母与十几岁孩子之间的沟通变得越发具有挑战性。

美国积极心理学家丹尼尔 · 西格尔认为，在青春期，孩子们大脑的记忆、思考、推理、专注、决策、交往等方式都发生了改变。而这种改变引发了青春期的四种心理特征：寻求新奇事物、积极参与社会、情绪强烈、富有创造力的探索。

因此，十几岁的孩子喜欢寻求冒险和刺激，他们对生活充满激情，他们容易冲动，很少考虑后果，经常低估冒险和刺激所带来的风险。与成人相比，他们更喜欢和同龄人交往，并且他们与同龄人的关系甚至会大于家庭关系，这种渴望交往的驱动力一方面增强了良性的人际关系，另一方面，也会增加恶性人际关系所带来的风险。十几岁的孩子经常会被强烈的情绪支配，这使得他们容易冲动，情绪化，有时候充满活力，有时候又会陷入负面情绪的沼泽里。在这一时期，十几岁的孩子开始更多地关注内在世界，他们探寻生命的意义，这使得他们容易受到同伴的压力，对目标和方向产生怀疑，也会容易导致产生同一性的危机。

作为与十几岁孩子并肩而行的摆渡人，在青春期这片荒原里，如何引导十几岁的孩子不断成长、强大？很大程度上取决于我们的沟通方式。那么，如何沟通，才能使十几岁的孩子顺利渡过青春期，迅速完成生命的一次重要蜕变？

我们先来看父母们习惯的沟通模式。一类父母仍旧用传统的方法来对待当今的孩子，他们把自己置于绝对权威的位置，他们无法忍受孩子的"叛逆"，对孩子发号施令，用批评、挖苦、唠叨、大吼、暴怒、大打出手等各种惩罚方式使孩子驯服。结果如何呢？十几岁孩子最反感的就是控制和束缚，一切变得更糟了。还有一类父母确实很开明，他们自称是新一代父母，他们过于追求"平等、尊重、自由"，他们为了得到孩子的信任，总是在纵容孩子，甚至不指出孩子的错误，希望孩子自己就能够在这种自由的环境中完成成长。事实上，对于身心尚且不成熟，缺乏足够自主能力的十几岁孩子来说，这种方式看似和谐，实际上会使孩子忽略规则与边界，在问题行为与不良习惯中沉沦。

心理学家鲁道夫·德雷克斯说：“我们既不建议父母纵容孩子，也不建议父母严惩孩子，我们建议父母学习如何成为孩子的合作者，有方法了解他们，有能力引导他们，这样孩子们就既不会没人管变成‘野孩子’，也不会感到家里压抑、令人窒息。”面对青春期孩子，我们沟通中最重要的责任，不是让孩子畏惧我们，也不是让孩子喜欢我们，而是：重新去认识一个有棱有角、冲动、张扬、渴望自由、叛逆十足的十几岁的孩子。

多多反省并改变自己的管教风格，使骄纵、控制、摇摆、放养、过度保护、忽视等削弱力量的教养风格转变为和善而坚定的教养风格。戒掉你的恐惧与焦虑，鼓起勇气去管教孩子，赋予孩子力量，使孩子不断受到鼓励，成长为高情商的人。改变你的对话方式，拒绝唠叨，学会倾听、积极回应、积极暂停，学会用高明的提问打开孩子紧闭的心门。以非暴力、坚定、分寸感的批评与基于爱、信任、尊重的激励话语来不断提升孩子的信心、勇气与价值感。父母还应扮演好灵魂摆渡人角色，在沟通中化解孩子的一系列负面情绪，使孩子拥有强大的心智能力，逐渐成长蜕变为一个健康、自律、有责任感、独立、积极的高情商孩子。

在与青春期孩子沟通的过程中，父母们也会在一次次沟通挑战中成长、蜕变，随之而来的，管理孩子的压力会持续降低，而养育十几岁孩子的过程会更加愉悦。当若干年后，孩子们会很认同马克·吐温说过的一段话：“在我14岁的时候，我觉得父亲什么都不知道，我简直无法忍受与这个老年人为伍。然而，当我21岁的时候，我吃惊地发现这个老人在7年里长进了很多。”

刘春芸
2020年3月

目录

第一章

遇见：重新认识一个十几岁的孩子

不知从什么时候起，父母们发现曾经那个可爱的孩子不见了，眼前这个十几岁的大孩子仿佛是一个自己不认识的人。他变得有棱有角、冲动、张扬、渴望自由、叛逆十足。他好久没有和父母谈过话，甚至连坐在餐桌上的时间也被手机绑架。

和他沟通得变得格外小心，稍不注意，就是一场争吵，甚至是离家出走式的威胁。他仿佛在向整个世界标榜自己的存在，标榜自己的与众不同。他当然不是被外星宿主控制了，而是因为他进入了青春期。

1.如何知道你的孩子进入了青春期

家长微信录

整整半天时间，11岁的女儿都蜷在沙发里和某个同学发消息。当无意中听到对方的语音说的是一些肉麻话时，我整个人都感觉不好了。女儿最近确实反常，以前吃完晚饭还会和我们一起下楼散步，现在根本不愿意和我们说话。有时候甚至前一分钟还是朋友，后一分钟瞬间就成了敌人。难道她的青春期来了吗?

破解青春期孩子行为心理密码

孩子们在11岁左右就进入了青春期，在整个青春期，他们在两方面有显著的变化。

一方面是身体的发育。青春期的孩子们性器官开始发育，激素水平发生变化，身体出现第二特征。身体的发育使他们感受到新的方式所带来的美妙与刺激，异性之间开始相互吸引，同时，身体的巨大改变也导致情绪的激烈波动。

另一方面，青春期是大脑、心理的发展成熟期。青春期孩子们的大脑在记忆、推理、思考、专注、决策等方式上发生了重大的改变，迅速成长并成熟。大脑的发展与成熟同样会影响到孩子的心理。

心理学家丹尼尔·西格尔指出，在青春期早期，大脑的变化会引发四种心理特征：寻求新奇事物、积极参与社会、强烈的情绪、富有创造力的

探索。这种变化决定了进入青春期的孩子们喜欢尝试新事物，他们与同伴的关系甚至会大于家庭关系，他们有着强烈的情绪冲突，他们不想墨守成规，而是喜欢打破规则，冒险一把。

青春期孩子喜欢的沟通方式

如何知道孩子进入了青春期？父母们可能已经意识到孩子的行为、心理发生重大变化，且常常出乎意料，使人感到惊讶、愤怒、难以接受、不理解，甚至让人觉得养育孩子的压力非常大。此时，标志着孩子已经进入了青春期。

青春期孩子大脑、心理所发生的变化，也使我们的养育方式与沟通模式面临更多新的问题。如果我们没有及时更新观念，很容易引发与青春期孩子的冲突与矛盾，双方失去该有的和谐与平衡。因此，作为父母，我们有必要在此阶段做出一些改变。

尊重、理解与接纳一个进入青春期的孩子

通常情况下，青春期孩子的父母常常处于情绪失控的边缘。他们太不理解突然变化的孩子，甚至对孩子的种种变化感到难以接受。如果父母能以尊重、理解与接纳的态度面对一个青春期的孩子，亲子之间就会少些争执，多些和谐。

浩东从一个乖巧懂事的孩子一下子变成了另外一个孩子。他竟然为了朋友去打架，结果被学校处分。他还偷偷翻过寄宿学校的围墙，去外面和一些社会上的人待在一起。

不知道从什么时候开始，一向不关注外表的女儿乐果成了童话里那位拥有魔镜的皇后。整天对着镜子照，除了打扮还是打扮。

雷奥越来越不想陪着妈妈逛街了，即便是在给他自己买衣服。有一次，他甚至将购物袋故意放在了柜台上，自己径直跑到地铁站等车，只因为他觉得逛街的行为会有损他酷男孩的形象。

这些孩子的父母可能有的感受是：愤怒、耻辱、难过、担心、悲伤……父母其实应该多了解一些青春期孩子的特征，重新认识一个十几岁的孩子。

对于青春期的孩子来说，他们更喜欢寻求新奇事物。由于青春期孩子们大脑回路中寻求回报的驱动力显著增长，因此，他们更愿意体验未曾体验的事物，愿意去充分全面感受生活，愿意寻求刺激与冒险。青春期的孩子们表现得比较冲动，他们习惯感情用事，而很少理智考虑后果。他们具有一定的冒险精神，但又对生活持有开放式的态度，充满了激情。青春期的孩子渴望社交，他们更愿意与同龄人交往，他们很在意同龄人的看法，他们与同龄人的友谊甚至超过了与家人之间的关系。青春期的孩子情绪强度较高，他们富有生命活力，对一切充满兴趣。但又容易冲动或情绪化，甚至在情绪化状态驱使下，做出一些极端的行为。青春期的孩子思维能力有了很大的提升，他们喜欢质疑与探索，愿意去接受新观念，富有创新意识。

当你对青春期的孩子了解越多时，你就更容易以尊重、理解、接纳的态度来与青春期的孩子沟通交流，这也将显著改善你们之间的关系。

以青春期的孩子为师

马克吐温说过这样一段话："当我7岁的时候，我感觉我父亲是天底下最聪明的人；当我14岁的时候，我感到我父亲是天底下最不通情达理的人；当我21岁时，我忽然发现我父亲还是很聪明的。"对于父母来说，适时调整自己的教养方式，与青春期的孩子保持同步，是对孩子成长最大的支持。

在家庭咨询过程中，遇到过这样一对母女。露露家教甚严，妈妈从不允许女儿出门穿吊带衣，不允许女儿化妆，涂抹口红也不行；不允许女儿晚上8点之前不回家。结果呢，当露露到了青春期，叛逆感十足，整个颠覆了妈妈的三观。妈妈为此无心工作，还气出了一身病，妈妈甚至认为女儿

存在心理问题，要求女儿去进行咨询。

我并没有建议她的女儿去改变什么，而是建议这位妈妈去适应女儿成长的节奏。事实证明，当这位妈妈也开始接受改变，逐渐成长之后，母女之间的关系得到了有效的缓和。

对于很多父母来说，成熟意味着他们已经被磨平了情绪的强度，他们失去了追求梦想的活力，他们分析问题的方法依靠惯例而缺乏一定的想象力与创造力。因此，父母们的生活也会变得无聊透顶，充满厌倦感，甚至情感上也会趋于冷漠与抑郁状态。这与青少年充满活力的心理状态是截然不同的。而这种不同与分歧也在一定程度上导致了冲突的产生。

在某种程度上来说，我们应该以青春期的孩子为师，将自己放在与孩子同等的位置，做孩子最好的朋友，和孩子一起疯玩疯闹，有哭泣有欢乐。这种方式既有助于我们站在孩子的立场产生共情，与孩子友好沟通；又可以使我们自身保持一种充满活力与能量的状态，成为孩子效仿的角色，帮孩子顺利走过青春期。

2.十几岁孩子“画像”分析

家长微信录

经常有人在我面前夸赞我的女儿：“你女儿真是一个有礼貌的孩子！”“你家孩子怎么学习那么好？你真是好福气。”我却丝毫没有自豪感，因为女儿在家真的不一样。我喜欢的衣服，她一定不会买；她经常过分关注脸上的粉刺，还攒了一堆关于美容整形的书；她可以和外人谈笑风生，但却不愿意同我们多说一句话。

破解青春期孩子行为心理密码

作家莫言甚至说，他崇拜叛逆父母的孩子。为什么这么说呢？在青春期，孩子们的身体发育在经历一种无法控制的生物学过程。在生理成熟过程中，伴随着强烈的荷尔蒙变化，这会造成孩子心理上的波动，使他们变得容易冲动、冒险、容易被激怒。在此基础上，叛逆产生了。

叛逆是青春期孩子同一性发展的需求，建立自我同一性是青春期最重要的发展任务。所谓自我同一性，是指青春期孩子将需求、情感、能力、目标、价值观等特质整合为统一的人格框架，即具有自我一致的情感、态度、能力、目标、信仰。

如果一个青春期的孩子不叛逆，一直处于很温顺的状态，心理学上将其称之为“同一性早闭”，这样的孩子在成人之后往往缺乏主见，容易盲从，难以应对压力、变化、挑战。相反，一个通过叛逆找到“我是谁”、“我将来的发展方向”以及“我如何适应社会”等问题答案，建立同一性发展的孩子，则在成人之后会有较好的性格。

青春期孩子喜欢的沟通方式

确实，当父母看着一手带大的孩子进入了青春期，逐渐与自己渐行渐远，从亲密无间到紧闭心门，叛逆十足，心里着实失落。但是父母们需要意识到一点，出现叛逆心理并不是坏事，反而是一种好的开始。问题的关键是，父母们需要根据这一时期孩子的特点调整自己的沟通方式。

要承认叛逆是成长的必然

有不少家长在进行咨询时，常常无法理解青春期孩子的叛逆行为，试图寻找一劳永逸的途径来制止叛逆，使其成为好学生，好孩子。

一位爸爸认为他对儿子并不抱有太大的期望，他只希望儿子能够幸

福、快乐地学习与生活。可是他的儿子却说："我真希望他别总是这么说，正是他使我的生活变得很不幸，他在毁掉我的现在和未来，他都快把我逼疯了。"这位爸爸希望能找到一种方法让儿子立即就能理解他。

其实，当孩子因为叛逆而出现不听话、不配合，事事与父母作对时，不要认为孩子是在挑战权威，而是要承认叛逆是孩子生理成熟、认知能力提高、自我同一性发展的必然结果。孩子一旦得到认可，叛逆的程度反而会趋于和缓。

调整教养角色与教养方式，不要试图控制孩子

青春期的孩子长大了，父母也要及时调整自己的角色与教育方式。在孩子幼年以及小学阶段，父母的主导角色是教育者；而到了孩子的青春期，父母的角色就发生了变化，由教育者转化为陪伴者。这意味着孩子成为主角，而父母则处于一种非主导地位，父母需要做的是支持与认同他，站在他的角度思考问题，和他达成有效的沟通。父母与孩子之间是一种平等的朋友关系。

需注意，不要控制孩子，青春期的孩子想独立，凡事自己做主，不愿意再被过分呵护。他们内心张力十足，总想标榜自己的与众不同，不惧怕任何试图阻拦他们的人和事物……因此，过度管制不如给其自由发展的空间。

一位妈妈说，孩子烦透了她，她一讲话，孩子就发飙，简直大逆不道。而她的孩子却说："拜托，我已经很大了，但我的妈妈始终把我当三岁小孩。她总是说些诸如'记住举止要得体''喝汤别出声音''靠马路右边走''别和陌生人说话'等，这些话使我忍不住发脾气。"这位妈妈认为女儿糟透了，不尊重大人，缺乏教养。

在我的建议下，她放弃了过度管制，开始重新调整自己的角色定位，采取了朋友式的教养方式，更多地去聆听女儿是怎么想的，给予了女儿更多的自由。一段时间后，他们之间的关系得到了明显改善。

控制情绪，确保将爱的信息传递给孩子

在与孩子发生冲突时，如果父母的情绪失控，那么孩子的叛逆行为就会越发强烈。父母应该为孩子做出榜样来，父母需要明白，当父母变得冲动、苛刻、易怒时，孩子会用更强大的努力来对抗。与孩子的对抗，输的永远都只会是父母。

因此，当遇到冲突、矛盾时，请停止抱怨、说教、怒吼，而是开诚布公地说出自己的感受，让孩子了解父母内心的想法和忧虑，让孩子感受到父母的爱、尊重和信任，和孩子一起探讨问题的解决办法。

咨询学习小组的一位爸爸曾分享过他的成功经验。

有一天，女儿很晚了还没有回家。这位爸爸自然是担心且愤怒。但是当女儿回来后，他并没有训斥他，而是说："我很高兴你回来了。我很担心你。在我们开始谈话前，我想让你知道，我愿意站在你这边。"

女儿听了这样的话，并没有滋长出逆反心，反而有了丝丝愧疚。他说："爸爸，我错了。我和同学在咖啡馆聊天太投入，以至于这么晚才回来。而且更糟糕的是，我们的手机都没电了。"

爸爸说："我能理解，但是如果你下次出门后能确保手机充满电，能随时让我们联系上你，知道你没事才好。"

女儿说："对不起，爸爸，下次我一定会注意。"

3.同龄人关系 > 家庭关系

家长微信录

我有一个郁闷的发现：女儿特别在意她的那些朋友们是否"接受"

她。朋友们穿什么样的衣服，用什么品牌的物件，报什么样的辅导班，女儿都会追随其后。有一阵子，她的圈子也不知道为什么孤立了她，她就整天闷闷不乐，觉得自己是一个“失败者”。她似乎总是在担心能否在圈子里站稳脚跟，却从来不愿意陪家人聊聊天，散散步，逛逛街。

破解青春期孩子行为心理密码

的确，孩子进入青春期的标志之一就是，孩子与同龄人的关系甚至优先于家庭关系。他们更在意的是他所在的圈子怎么评价他。这可能会让父母产生嫉妒、愤懑，但这种对于同龄人的归属却是孩子自我社会身份认同的必经之路。

在孩子进入青春期之前，孩子对自我的定义，容易以家庭为主，也就是说，我是某某家庭的孩子。孩子对家庭外的社会身份，没有强烈的意识。因此，不难发现，孩子上小学时，愿意同父母分享在学校发生的事情，愿意告诉父母一些他的小秘密。他与同龄伙伴的关系，则更多的是玩伴关系，是否能够得到同龄人的认同，这并不是第一位的。

而到了青春期，十几岁的孩子开始进入社会身份认同阶段，对于他们来说，同龄人的认可和肯定是相当重要的。此时，同龄人的思想、爱好、兴趣、举止等，成为他们无意识模仿的对象。此时期的孩子疏远家人，也与其社会身份的构建有关。在他们看来，如果事事说给父母，就很容易被同龄人嘲笑，会被认为不成熟。所以他们宁可自己承担一些事情，也不愿意过分依赖家人。

青春期孩子喜欢的沟通方式

寻找社会身份认同，可以说是孩子必须要完成的人生任务。在孩子寻求社会认同过程中，我们能帮他做点什么呢？

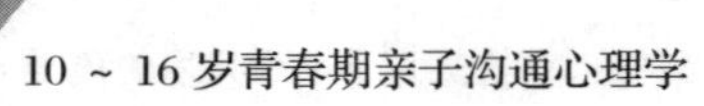

与孩子“分离”，不要纵容其依赖性

如果我们仍旧助长青春期孩子的依赖性，会使得他们迟迟无法独立，而一个独立性差的孩子，很难融入群体。孩子的依赖性越强，其对父母的敌意就越重。作为父母，要适当与孩子“分离”，不要过多介入孩子的生活，允许并鼓励孩子自己做出选择。你可以这样说：

“我尊重你的选择。”

“我相信你可以自己做出决定。”

“无论你做什么决定，记得我一直站在你这边。”

当一个女孩问妈妈，如何去拒绝追求自己的男孩时，这位妈妈说：“我相信你自己就可以做出正确的选择。”女孩对这个答案非常满意，她说：“谢谢妈妈。”实际上，如果这位妈妈过多干涉女孩的事情，女孩很可能会采取叛逆的姿态来寻求自我或社会身份的认同。

青春期孩子极其需要隐私，请退后几步

如今，青春期的孩子通过社交网络频繁地公开并分享自己的生活，而家长们对待社交网络的态度，多是成为孩子的微信、QQ好友，好窥探孩子的行踪、心事。在这种情况下，很多家长都被孩子“屏蔽”了，甚至有的家长还被拉进了黑名单。

一个十几岁的男孩说，每次我发了朋友圈后，我希望得到的是好朋友们的点赞与评论，我喜欢这种被大家关注的感觉。可是，妈妈破坏了这一切。我的妈妈通过通讯录添加我的好友们，然后和大家一起对我点赞，对我评论。很快，我的朋友圈互动性越来越差了。我讨厌她这么做，只好将她屏蔽掉。

事实上，在孩子追求社会身份认同的过程中，他们需要隐私，这能让他们拥有自己的生活。作为父母，维护并尊重孩子的隐私，一方面是为了表达父母与孩子之间的尊重，另一方面也是为了帮助他们与父母“分

离”，完成自我成长。你需要明白，任何妄图通过侵犯隐私干扰孩子社会化身份认同的行为，都会导致更大程度的亲子裂缝。因此，与孩子保持一定的距离是十分必要的。

4.冲动、有刺儿、脾气坏

家长微信录

上了初中后，我儿子的行为突然“怪异”起来。他总是动不动就发火，挑刺，简直就是一个小刺猬。他的成绩也一路下滑。上次妈妈多说了他几句，他竟然要离家出走。前几天周末，他玩了整整一天游戏，爸爸说了他几句，他竟然冲动地摔门而去。有时候，我真怀疑他是不是被外星人给换了心智，他真的是彻底变成了另一个人。

破解青春期孩子行为心理密码

其实这位父母的困惑具有普遍性。青春期的孩子头脑和身体正在经历剧烈的重组，表现得冲动、鲁莽、不经大脑、脾气坏等也并不是他们的错。他们自己也是在逐步适应这一过程。

科学家通过研究发现，人类大脑负责感觉的后部区域之间的连接是最先完善的，而建立连接最慢的是负责理智的额叶。也就是说，感觉先成熟，理智后成熟。青少年头脑成熟度只有80%，而其余未成熟的20%是额叶部分，因此，青少年常常表现得理智不足，容易出现冲动、易怒、脾气暴躁。还有一个重要因素在影响青少年的情绪稳定性，使其变得歇斯底里，即不成熟的杏仁核。不成熟的额叶与杏仁核这两方面同时作用，青春期的孩子们冲动闯祸也就是顺理成章的事情了。也是因为这些，他们与成人之间的沟通变得困难。

青春期孩子喜欢的沟通方式

对于冲动、有刺、脾气坏的孩子，我们该做些什么呢？一方面，接受孩子这种身心的变化，理解但又不要表现得太理解；另一方面，反复给孩子讲一些关于一定要三思而后行的真实故事，记住，是反复讲。我们详细来说：

接受与理解，但不要表现出太理解

青春期心理分析师安娜·佛洛依德认为，青春期的孩子出现这样一些情况是再正常不过：行为方式自相矛盾又无法预料；对自己的冲动既想克制又能够接受；对父母又爱又恨，既渴望与父母沟通，又愿意远离父母；比以往任何时候都更理想化、艺术化，更慷慨；但同时又比以往任何时候都更自我，更自私……

父母可以通过接纳孩子的坏脾气与不安，接受孩子的冲动与不满来帮助孩子，但同时又不要表现得过于理解。要知道青春期的孩子并不希望大人们立即就能理解他们，他们甚至喜欢在矛盾冲突中来感受自己的独一无二。要知道，在十几岁孩子眼中，无论是多么睿智的父母，似乎做错的时候总要多于做对的时候。

反复讲述真实的悲剧

当父母试图劝诫孩子要“三思而后行”时，是如何劝诫的？斥责？惩罚？说教？这些负面的沟通方式远远不如“反复讲述真实的悲剧”更有效。当新闻上或孩子周围有同龄人因为冲动、叛逆而发生不幸的事情时，你需要反复讲述给冲动的孩子听。

曾接触过一位做事情不经大脑，经常闯祸的男孩，他爸爸就采取了我

的建议，反复给孩子讲述新闻里还有他们周围一些男孩子因为冲动做出的错误选择，其中一个故事是这样的：

小淘，我从同事那里听到一个很伤心的事情：他一个朋友的儿子，从小就是“别人家的孩子”，各方面都特别优秀，大学上的是重点大学金融系。这个暑假，因为和朋友们喝酒，一直喝到凌晨三四点。他们醉醺醺的想翻墙进入公园，但第二天，人们才发现，这个男孩翻墙后不幸翻滚到池塘里。他就这样走了。当你决定在作出冒险的举动前，一定要三思而后行。

在讲这种故事时，要注意，家长的态度很重要。不要抱着“幸好不是自己孩子”的心态，或者不要抱着“我的孩子永远不会发生这样的事”的心态。家长要将真实故事的后果告诉孩子，并反复讲述。之所以要反复讲，是因为对于青春期的孩子来说，因额叶发展不成熟，与其相关的前瞻记忆能力较差。必须反复强调，才能强化他们的这种记忆，以起到好的警戒作用。

5.叛逆：争吵，离家出走，个性张扬

家长微信录

女儿一不高兴，就会嚣张地大喊：“我青春期，别惹我，后果自负！”“再吵下去，我就离家出走！”有时候，甚至是极小的一件事，都会触动女儿的情绪开关。虽然我知道女儿说的是气话，只不过是不善于控制情绪罢了，但是真担心叛逆的女儿会想不开。唉，青春期的女儿什么时候才能成熟？

破解青春期孩子行为心理密码

这个女孩所表现出的叛逆、与家庭关系紧张、情绪化等特点，其实是青春期孩子们性格以及心理发展的典型特质。心理学家斯科特·派克提出，一个人的成熟度反映在其对事件和反应的平衡方式上。他认为，如果人们明白如何平衡情绪并做出恰当的反应，就可能表现出更多成熟的行为。

青春期孩子的情绪过激是他们对事件作出的过度反应，也就是说，他们对事件反应的程度超出了对事件本该有的反应。例如，对于一个成年人来说，一句批评的话语可能会使他有轻微的情绪低落，如果打分，可以算是2~3分事件。但是对于青春期的一些孩子来说，他们对一句2~3分的批评话语的反应可能会达到8~9分。孩子真正需要做的是平衡好事件与反应之间的度。有些事情可以表现得很愤怒，而有些事情则需要及时冷静下来，先控制情绪再就事论事。

青春期孩子喜欢的沟通方式

父母能为孩子做的事情，就是帮孩子正确处理负面事情所引发的情绪反应，能够合理表达情绪、宣泄情绪，提升情商。下面这些沟通方式可以参考：

面对一个愤怒的孩子，平静胜过争辩与劝解

当孩子要“发飙”，处于情绪失控的状态时，一定不要与之争吵，否则战火一点即着。父母可以尝试这样做：首先，后退一步，深呼吸，从1数到10，大多数情况下，当数到10的时候，就能找到一个更好的沟通方法。如果还是感觉生气，可采取暂时回避的态度，使彼此都冷静下来，将自己的情绪频率调整为平和、坚定的频道；然后，站在孩子的角度，感同

身受孩子的情绪，描述出其负面情绪，可以说："看得出你对这件事很不满""你对这次考试有点小小的遗憾""收拾房间让你感觉很浪费时间抑或觉得没必要，对吗"等。只有你心平气和认同并接纳十几岁孩子的负面情绪时，孩子的冲动叛逆的情绪才会找到一个缓和的出口。

用描述性词汇表达情绪更容易收获理解

对于处于叛逆期的孩子来说，父母的任何命令式语言或带有强烈负面色彩的情绪化语言，都很容易触发他们的情绪开关。因此，父母在与孩子沟通时，即便有情绪的状态下，尽量使用描述性词汇表达情绪。我们先来看两个关于打扫房间的小情景：

情景一：

妈妈：你要尽快收拾房间，房间都乱成什么样啦！你再不收拾，我就生气了！

孩子：我没空，忙着呢！（砰一声孩子关上了门）

如果此时妈妈硬要敲门，一场争吵就此发生。

情景二：

妈妈：我受不了你的房间这么乱，这让我感觉一团内乱麻，我建议你让它保持整洁。

孩子：您没经过我允许就进入我的房间，我还难受呢。

妈妈：好吧，那我们来签订一个协议吧，我以后必须经你允许才能进入你的房间，但你也要尽力保持房间的舒适整洁。

孩子想了想后，答应了妈妈的要求。这个沟通过程中，彼此都表达了自己的情绪与需求，在平等的交流氛围中，争端是很难找到导火线的。

教给孩子一些提升情商的能力，使孩子学会控制情绪

你可以教给孩子一些提升情商的技能，帮孩子学会合理地控制情绪，表达情绪。如发散式思维思考法。在孩子感到心烦意乱的时候，这种引导

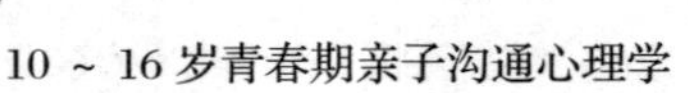

式的思维方式总能派上用场，迅速使孩子把握好事件与反应之间的度。

最简单的例子，在排队被加塞儿感到愤怒时，引导孩子这样想：加塞儿的人可能家里有急事，或者是被后面的一位哭闹不止的孩子搞得烦乱。再比如，当孩子因为朋友没有回他的电话而质疑友谊的时候，你可以提醒他不接听电话的多种可能性，第一种，他的确是忽略了你这个朋友；第二种，他太忙了；第三种：他手机坏了；第四种，他手机被没收了；第五种，他可能因为一些事情将手机铃声调成了震动……教孩子进行多方面解读，充分扩大视野，发散思维，这样就不容易出现钻牛角尖式的情绪化状态。

6.高压线：性，抽烟，扮酷

家长微信录

我儿子以前特别乖巧懂事，但是青春期后，就变了一个人似的。越是被禁止的事情，他越是要对着干。吸烟、喝酒、打架样样沾边。对了，他竟然还将小女朋友带回家跟我们见面。我的心都要碎了。这个聪明的帅小伙，怎么净做些自毁前程的事情啊！

破解青春期孩子行为心理密码

处于青春期的孩子，比成人和儿童更容易冒险，他们喜欢追求新鲜事物与感官刺激，他们不愿意将任何权威放在眼里。科学家将青春期孩子们的这种冒险行为称作“次优选择行为”。很多成人将这种行为归结为冲动，不理性，缺乏自制力，自我中心等。殊不知，实际上青春期的孩子并

非不理性不靠谱，他们的推理能力与成人相比不相上下，在一些国际推理能力评估测试中，很多青少年会因为其严密的推理能力而拿到高分。

青春期的孩子们喜欢冒险，甚至做出疯狂的举动，一方面，这与他们头脑中更容易产生奖励感有关。对于青少年来说，多巴胺的释放强于成人，控制奖励和唤起的神经系统又特别敏感，大脑神经元的激活率更高，因此，更容易启动成瘾冒险行为。

另一方面，科学研究发现，青少年的冒险行为多发生在与同龄朋友在一起时。当青少年独自一人去做一些事情时，多数情况下，他愿意遵守秩序与规则，但和朋友在一起时，他们会认为冒险活动能够引发朋友的关注，得到认可，提升自己在社交圈的地位。

青春期孩子喜欢的沟通方式

对于触发了“高压线”，存在吸烟、喝酒、性等行为的青春期孩子，你可以利用他们的冒险心理特点，从向其提供可靠数据或真实案例方面入手，做到有效沟通。

在与青春期孩子谈论有关吸烟、喝酒以及随意发生性行为的危害时，苦口婆心长篇大道理是很难使彼此能够正向沟通的，甚至使叛逆的孩子更加叛逆。但是如果在和孩子沟通的时候，为他提供关于不良行为的可靠的数据与真实案例，孩子就更容易被说服。

例如，对于一位吸烟、喝酒上瘾的孩子，你可以按照这样的步骤说服他：

第一步：大致了解孩子的价值观

先弄清楚孩子最在乎的是什么，目标是什么？最渴望的事情是什么？抓住这些重点，将有利于说服孩子。

第二步：根据孩子的价值观确定沟通方向

如果孩子想在最近这段时间能够参加学校的运动会，他还希望自己能在两年后考上心仪的大学，那么沟通方向是向这个孩子反复强调，无论是参加运动会，还是考上好大学，都需要清醒的头脑，良好的心态，而吸烟、喝酒显然不可能使他变得更聪明。

第三步：提供有效数据以及事实真相

例举出一些青少年吸烟与喝酒的不良行为数据，以及吸烟、喝酒导致的不良后果。如下：

吸烟的确使人兴奋，能舒缓压力，但是吸烟对大脑发育是有危害的。科学证明，处于青春期的孩子们，吸烟越多，前额叶皮层的活跃程度就越低。前额叶皮层发育不良或受损会直接导致青少年决策能力变差。而且对于青少年来说，只要吸几根烟，大脑就开始重塑，制造出新的尼古丁受体，这使得戒烟变得异常困难。

最新研究发现，酒精会损害青少年的记忆力，而且酒精对于记忆力的损害程度是随着摄入酒精量的增加而逐渐加重的。此外，酒精还会使得青少年叛逆、抑郁、焦虑，甚至具有攻击性人格，做出一些出格的事情。

第四步：寻找可代替的方法

当了解到孩子吸烟、喝酒的原因，如只是为了缓解压力，但最终却因此而上瘾时，父母可以提醒他，从时间的维度来看，压力始终是如影随形的。正确的方法是咱们一起寻找导致压力的原因，并采取积极的应对措施，而不是用吸烟或喝酒来麻痹自己，逃避现实。你可以和孩子谈谈如何找到代替吸烟、喝酒的方法，用哪些方法缓解压力更有效等。

7.压力：“战斗还是逃跑”都会损伤大脑

家长微信录

上了初三之后，孩子突然就变“笨”了，她学东西比以前慢了，注意力也变差。我给她买了很多补脑的保健品。我现在每天都抽出两小时陪她一起写作业，试图在她写作业遇到难题时能帮她一把。可结果呢？我发现，她每天至少喝三小包速溶咖啡才能进入状态去学习，否则总觉得脑子不转了。我该如何帮她？

破解青春期孩子行为心理密码

立即停止无休止的保健品与时间上的付出。父母的这种行为并不适用于孩子，因为这样给孩子的压力太大了。事实上，当一个人面临压力时，杏仁核会首先做出反应，释放出应激激素，通知垂体释放特定化学物质，垂体又促使肾上腺释放肾上腺素。于是，处于高压状态的人们会心跳加快，血管扩张，呼吸加快，将血液调集到肌肉和四肢，做出“迅速逃跑”的准备。这也被称作“战斗或逃跑”的反应模式。而处于青春期的孩子们，由于额叶活动较多，并且额叶尚且无法很好地控制杏仁核，所以他们在深陷危机时，很难应对自己的情绪，容易反应过度，变得焦虑不安。而这种过重的压力体验也会对大脑结构造成一定的损伤，其中之一便是损伤与记忆以及学习密切相关的海马，使其学习和记忆能力下降，甚至会出现一些心理问题。

青春期孩子喜欢的沟通方式

对于青春期的孩子们来说，压力无处不在：不被同龄人接纳，被欺负，学习成绩下降，知识难度升级等，都会令他们烦恼紧张。对于已经上了初三的孩子来说，压力更多：即将到来的中考，满怀期待的父母以及老师，需要学习更多的知识等。因此，初三的孩子此时感到压力巨大是普遍现象。从你的描述可知，压力已经对其产生一定的负面影响。建议父母在同孩子沟通时要注意一定的方式方法。

从问题根源处入手来进行积极沟通

父母需要明白，目前状况下，孩子压力的源头来自哪里，这样才能在与孩子沟通时把握好重点，产生更好的沟通效果。

从上面这位父母的描述来看，孩子的压力很大一部分来自外界，即"守在笼外的猫"。科学家做过这样一个实验，在正常的笼养环境下，大鼠能够很好地学习走出迷宫的方法。而当研究人员将其放入新的笼子里时，大鼠就会经常发呆，很难集中精力进行学习走出迷宫的方法。而如果是猫在笼外，大鼠压力巨大，根本无法去学习走出迷宫的方法。

而对于孩子来说，学校就像一个牢笼，而老师、父母则更像守在笼外的猫。孩子一旦感受到外界环境所施加给他的巨大威胁，就会对其学习和记忆能力产生严重的负面影响。

因此，上面这位父母有必要做出一些改变，改善与孩子之间的关系，渐渐的，就会发现孩子也会做出积极的回应。

放下权威，以平等、尊重的姿态来沟通

青春期的孩子不愿意与父母沟通，主要是因为父母总是以一种居高临下的姿态出现。因此，在与孩子沟通时，一定要将姿态放在与孩子对等的角度。要尊重孩子的选择，顺着孩子的想法进行引导。反对、抵制、打压等负面沟通方式，只会恶化彼此之间的关系。父母还应放下多余的爱，不要去过度控制，还给孩子一个自由成长的空间。可以试着这样做：

要让十几岁孩子明白父母的爱是无条件的。不要经常过问孩子的成

绩，如果父母将成绩看得太重，会给孩子造成极大的心理压力。父母可以多给孩子一些关爱和支持，如孩子写作业时说："孩子，累了就休息会儿"；孩子考试后，无论考得好坏，都要让他明白："爸爸妈妈看重的不是你成绩的好坏，而是你是否能够快乐学习，健康成长""无论什么时候，爸爸妈妈都无条件支持你"。也可以使用一些肢体语言表达对孩子的支持，比如给孩子一个拥抱，拍拍孩子肩膀等。

8.你的压力＝完美的他－现实的他

家长微信录

我理想中的青春期孩子应该是努力学习，信守承诺，喜欢交际，喜爱运动，饮食健康，经常拿奖，是学校里受欢迎的好孩子。可实际上呢，他从不收拾房间，独立性很差，故意将衣服上剪出几个洞扮酷，耳朵里经常塞着耳机，当家人是空气。为什么理想与现实差距这么大？养育青春期的孩子真是一种巨大的压力。

破解青春期孩子行为心理密码

养育青春期孩子的压力感可以用一个算式表示：你的压力＝完美的他－现实的他。

十几岁孩子现在这样并不意味着永远如此。你可以回忆你青春期的时候，是不是也同样的叛逆，同样的以自我为中心。你那时候有责任感吗？你有明确并且喜欢的目标吗？你更能以同理心来对待他人吗？当你将自己青春期的事件列出一个清单后，你就会发现，十几岁孩子的行为只是暂时的。他们正处于自我探索期，他们需要明白“我是谁，来自哪里，去向哪里。”这既是他们逐渐形成自我个性的过程，也是心理上与家庭逐渐分离的过程。

虽然父母可能对这种个性化的过程过于担心，并感到压力，但是最初的个性化是一种最简单的表达自我的方式，如果青春期的孩子不被允许叛逆，那么这些“完美”的孩子可能会在他们二十几岁、三十几岁甚至是老了的时候叛逆。如果孩子在这个时期过于“完美”或者“理想化”，你才最应该担心。这样的孩子会成长为不认同自己，而是为寻求别人认同而生活的人。

青春期孩子喜欢的沟通方式

心理学家认为，如果一个青春期的孩子在不尊重、批判、控制的氛围里成长，他的个性化进程就会被压抑。如果他能够在一种和谐、支持的氛围中完成自己的个性化成长历程，那么，他在成人之后就会回归家庭的价值观。鉴于此，下面两条建议可作参考：

接受孩子的“不完美”

青春期的孩子比以前任何时候都更以自我为中心，更自私自利，更精于算计。这些极端，在一生中的其他时期看来可能是不正常的，但在青春期却意味着自我探索的持续，是人格结构形成的必然过程。

在咨询中，一些青春期孩子经常会这样倾诉：

我太沮丧了，我暗恋一个女孩，却追不到。我精力旺盛，我想去行动。但这些如何同父母说呢？显然，他们知道后，情况更糟糕了。

暑假时，我特意将头发留长，穿着骷髅头T恤，就是觉得自己这样很帅，也只有假期才能自由一些。可妈妈却因此每天和我吵架，烦透了。

老师评价我时，认为我冷漠，不喜欢帮助同学，自以为是。我真想说

一些脏话。要知道班里多少同学都喜欢和我相处呢，我只是和老师没话说罢了。

父母感觉养育青春期孩子的压力，事实上是源于自己的“不接纳”。父母如果明白并且能够接纳青春期孩子的紧张、不安、孤独与不满，亲子之间因为理解而更容易沟通，父母也会成为孩子心里“受欢迎的大朋友”。

不要挑剔或纠正那些小缺陷

有的父母会对孩子性格或行为中的一些小小缺陷抓住不放，他们时刻提醒孩子注意这些缺点，及时纠正缺点，才能变得更加完美。但这种看似真诚的沟通，对于青春期的孩子来说，就像吃了鱼刺一样不舒服。他们会采取防御姿态，进而变得固执己见，听不进劝诫的话语。

在接受咨询时，一些青春期的孩子经常会这样说：“我知道爸爸是为了我好，他总是自以为是，我真希望他这次不会成功。”“我受不了妈妈的唠叨，这种唠叨反而让我不想做出任何改变。”“我讨厌爸爸妈妈给我的一个又一个建议，我决定继续犯错，要知道我自己决定自己是什么样。”……

父母必须认识到，不厌其烦地挑剔或纠正孩子的小缺陷，并不会使孩子变得更好，相反，会使彼此之间的沟通更加艰难。

9.“冰山位于水下的部分”

家长微信录

我儿子自从上了初中，开始结交一些不太好的朋友。有一次，我无意中发现他和他的两个“新朋友”，竟然在一家咖啡馆外面吸烟呢！老师还向我反应，他们三个在学校是典型的“捣乱团”成员，自己不学习，还总是故意打扰别的孩子，甚至还欺负个别孩子。我心里很烦乱，为什么每次说教都不管用。但同时又觉得很愧疚，因为工作太忙而错失了做一个好妈妈的机会。我该如何弥补？

破解青春期孩子行为心理密码

从这位妈妈的描述中可以看出，她与孩子之间的沟通一直以来是存在一些问题的。她希望儿子能自己变得懂事而自律。可是，她只看到了孩子表面的行为，缺乏对孩子行为背后信念的察觉。孩子们的错误行为就像是冰山露出水平面的一角，其实在错误行为的背后，“冰山位于水下的部分”才是产生错误行为、心理的根源。

美国著名心理学家鲁道夫 · 德雷克认为，一个行为不当的孩子，是一个丧失信心的孩子。他发现，当孩子们丧失信心时，孩子们会选择四种不恰当的错误目的，来获得想要的归属感和价值感。这四种错误目的为：寻求过度关注、寻求权力、报复、自暴自弃。

青春期孩子喜欢的沟通方式

父母需要察觉十几岁孩子错误行为的目的是什么，才能不断根据孩子的行为心理变化，不断调整自己的沟通方式，使孩子更愿意对自己敞开心扉，也更愿意采纳父母的建议。事实上，即便是同一种行为，由于错误目的不同，有效沟通的方法也应发生相应的变化。

如何使寻求过度关注的孩子获得归属感

对于寻求过度关注的孩子来说，他想传达的信号是：“只有在得到关注时，我才有归属感。”如何判断孩子是在“寻求过度关注”呢？父母需要注意与孩子沟通时，自己所出现的情绪反应信号——烦躁、着急、愤

怒、愧疚。如果有这些情绪反应，基本上可以断定孩子错误的目的是“寻求过度关注”。对于这样的孩子，可以经常关注孩子，忽略孩子的不良行为，鼓励孩子积极参与有用的任务，使孩子得到他想要的归属感。由此，孩子烦人的寻求关注的行为“你们必须关注我”开始转化为“我愿意做点贡献，我愿意帮助别人，我因为被需求而感到自己很重要。”

从上面这位妈妈的情绪反应以及儿子的情况可推出，他在“寻求过度关注”。我们来做一个假设，可以按照这样几个步骤与他沟通：

第一步：立即并认可他的感受。

妈妈：儿子，我理解你，你其实既想坚持自己的价值观，又不想脱离朋友的圈子。

儿子：您说得对。

第二步：进行角色扮演，引导他说出他真实的想法。

妈妈：假如我是你，我一定也会很为难，会和朋友们做一样的事情。是不是这样？

儿子：是这样，所以我才会悄悄抽烟。反正你也没时间管我。

妈妈：儿子，你要明白，你做了伤害自己的事情，我也很难受。我确实做得不够好（反思自己为什么那么忙而忽略了孩子，告诉孩子）。

第三步：参照建议，给孩子提供方法，使他感到认可、尊重与归属感。

妈妈：不过，你如果能帮助妈妈，我想一切就会好很多。你可以在放学后第一时间回家，写完作业，然后帮妈妈做饭或做家务，这样我们就有更多时间来一起画画了，我知道你喜欢水彩画（忽略孩子寻求过分关注的行为，但要为孩子提供可参与的任务，使他得到归属感）。

接下来，我们再说说孩子错误目的其他三种表现以及应对方法，以备不时之需。

如何使寻求权力的孩子获得归属感

对于寻求权力的孩子来说，他所发出的信号为“只有当我说了算或至少不能由你命令我时，我才有归属感。”如果你的情绪反应为：觉得自己受到了挑战，被激怒，被威胁，那么，可以基本判定孩子的错误目的是寻求权力。

一位特级教师曾在自己的班里做过一个关于父母与孩子“权力”之争的实验。他让扮演学生的孩子们全都乖乖坐好，而扮演父母的孩子们则负责控制、监督他们是否能够乖乖就坐。

半小时后，他询问扮演者们的心理感受。扮演学生的孩子们一致认为他们感到愤怒甚至是怨恨，他们一门心思想击败家长；而扮演家长的孩子们则说，他们在整整半小时，都在考虑如何更好地控制学生。事实上，这就是家长与孩子们长期以来的权力之争，在这场“战争”中没有赢家。

对于这样的十几岁孩子，我们一定不要去试图“控制”他，而是要完全尊重他，和他一起寻求解决问题的方法，适当时候还要请求他的帮助。满足他用权力控制自己行为的需求。

如何使寻求报复的孩子获得归属感

对于寻求“报复”的孩子来说，他们不良行为的目的所散发的信号是“我得不到归属，但我能让你同样受到伤害”。

十几岁的孩子叛逆心很重，当他们觉得自己受到父母不公平对待或伤害的时候，会偏激地选择报复的方式故意犯错来伤害父母。父母的情绪反应往往是感到：失望至极，太伤心了，觉得孩子非常可恶。在这个过程中，如果父母也觉得受到了孩子的伤害，反而变本加厉“惩罚”孩子，结果就会更糟糕。

例如，现在一些孩子故意瞒着父母去纹身，辱骂父母和师长，甚至做出其他一些出格的事情，父母如果感到失望至极，觉得孩子面目可憎，则

可断定孩子的错误行为目的为“报复”。对于这样的孩子，惩罚式的沟通方式会使彼此陷入报复恶性循环之中。我们应该察觉到孩子内心受到了伤害，以一种温和的方式，站在孩子的角度倾听并理解孩子的感受。

如何使自暴自弃的孩子获得归属感

对于遇事就自暴自弃的孩子来说，他们的行为所发出的信号是“归属感是不可能有的。我放弃。”父母的情绪反应是：感到无能为力，很无助，甚至绝望。事实上，对于这样的孩子，我们能做的就是帮孩子逐步建立自信，使他相信自己。

我接触过这样一个案例：一位叫作陆羽的男孩子自暴自弃到了极点，他尤其不敢和班里的女孩子们说话，更别提漂亮女孩了。我和他的父母从他喜欢的事情入手，一点点帮他找回信心与勇气。

我首先和他进行角色扮演，我扮演陆羽，而陆羽扮演漂亮的女孩。在角色扮演过程中，陆羽看到了自己的恐惧、胆怯与自卑。然后，我询问他，生活中是否有战胜恐惧、胆怯与自卑的时刻？他讲到了曾经恐惧打篮球，但最终他战胜了恐惧。他详细讲述了当时克服恐惧的心理活动：“我不想上篮球课，因为我害怕会出丑，但我心里的一个声音告诉我‘尽管去做！’于是，我再也没有害怕过打篮球时出丑。”

我和他的父母都告诉他：“你现在的处境和那时候差不多，为什么不告诉自己同样的话？”

不久之后，他再也不害怕与女孩子交谈了，相反，他发现自己越来越有魅力。为什么他能够做到？因为他的父母认真地倾听了他，找到了他错误的目的是“自暴自弃”，知道他需要帮助，并通过培养他某方面技能来帮他走出自暴自弃的艰难时刻。

第二章

反思：你的管教风格“病”在哪儿

在父母与孩子的交谈中，谈话内容对孩子的影响仅占20%，而管教沟通风格对孩子的影响则占到80%。不同的管教风格决定了孩子的情商水平，性格特质。管教风格既可能赋予孩子力量，使孩子不断受到鼓励，成长为高情商的人；也可能会削弱孩子的力量，使孩子变得沮丧而缺乏自信，很难获得足够的生存技能。

孩子的问题，终究还是父母自己的管教风格出了问题。骄纵、控制、摇摆、放养、过度保护、忽视……你是什么类型的父母？你采取的是什么样的管教方式？你又该如何用正面管教来救治管教风格的“病”？这里会告诉你答案。

1.四种典型的亲子依恋模式

家长微信录

孩子已经青春期了，马上就要跨入成年人行列。而我也逐渐变得焦虑，时常为她的未来忧心忡忡，担心她考不上好大学，担心她性格暴躁以后不容易生存。我们俩也时常因为交朋友、学习等方面的分歧争吵不休。事实上，我因为童年坎坷的经历，性格并不好，对家庭缺乏安全感。而现在慢慢地发现，我暴躁、孤僻的性格影响到了女儿。我真的不希望这样。

破解青春期孩子行为心理密码

原生家庭对孩子人格、个性的形成与发展，情绪建设与沟通模式的形成，有着潜移默化的作用。而在原生家庭中，妈妈这个角色是最为重要的影响角色。妈妈的性格、处事风格、教养风格不仅会影响到孩子的整个青春期人格、个性、情绪、沟通等方面，而且对孩子成人之后的生活模式产生不可逆的影响。

心理学家玛丽 · 安斯沃斯指出，童年时期与母亲形成的依恋关系模式，可以预测出他成人后的人际关系模式。成年后产生的一些难以解释的焦虑、压抑、愤怒或羞耻感等情绪，如果深挖，也都与童年时期与母亲的相处模式有着千丝万缕的关系。

安斯沃斯还通过一个实验将人的依恋模式分为四种，即安全型依恋关系、回避型依恋关系、矛盾型依恋关系、紊乱型依恋关系。其中，安全型

依恋关系可以持续不断使孩子感到安全、被看护与被安抚。在孩子的情绪发展、人际交往等方面，都会持续产生积极影响。而其他三种依恋模式则无益于孩子的成长。

青春期孩子喜欢的沟通方式

安斯沃斯所做的实验是这样的：让一岁大的婴儿与照顾者分开三分钟，当他们再次相聚时，会出现四种模式。

第一种，婴儿寻求照顾者的安抚，然后安心地在放满玩具的房间里继续玩耍，这是安全型依恋模式。此类型占比为60%左右。第二种，当照顾者回来，婴儿会躲避他们，这是回避型依恋模式。此类型占比为20%左右。第三种，当照顾者回来后，婴儿会黏着他，照顾者对婴儿的看护、安抚与安全感是不确定的，这是矛盾型依恋模式。此类型占比为10%~15%。第四种，婴儿的表现比较混乱，时而平静时而愤怒，表现不可预估，他们其实是最没有亲密关系安全感的孩子。这是紊乱型依恋模式，此类型占比为5%~10%。

这四种亲子模式如果持续发酵，不加改变，在孩子青春期以及成年之后，会对孩子的各方面平衡发展产生巨大影响。

反思不安全的依恋模式

从父母的角度来说，如果自己从原生家庭带来的依恋模式没有改变，也将很大程度影响到自己孩子的依恋模式。父母对孩子的反应模式是基于他们自己的依恋风格。比如安全型的父母会创造出和睦的家庭氛围，懂得给孩子足够的爱与尊重，亲子之间不容易产生矛盾冲突。回避型父母不懂得关心家庭成员，与家人之间关系较淡，难以给孩子足够的安全感；矛盾型以及混乱型父母，对孩子的负面影响将远超过正面影响。

在咨询中，一位男孩的爸爸童年时，经常看到喝醉酒的爸爸打妈妈。

对于孩子们来说，见证虐待就是另一种形式的虐待与创伤，这使他非常憎恨自己的爸爸。后来妈妈因病去世，爸爸浪子回头，一下子戒酒了，从此成为一位好爸爸。当这位爸爸有了孩子以后，他意识到自己存在不安全依恋关系，动不动就同孩子和妻子大吼。他下定决心改变，逐渐从矛盾型依恋关系转向安全型依恋关系，这极大地改善了他同妻子与孩子之间的关系，对孩子的成长也产生了积极的正面影响。

天底下没有完美的父母，你也不可能再改变自己的原生家庭，却可以从你开始，来改变孩子的原生家庭。亲子关系如同雕塑，是我们一生都可以去重塑与改变的。

不安全依恋关系的自我改变法

心理学研究发现，依恋模式与左右脑的协调发展密切相关。心理学家通过访谈录音的形式，对访谈者的语言、沟通方式等进行研究分析，发现依恋关系与左右脑协调发展密切相关。

具有安全型依恋模式的人，在反思童年时期好的部分以及不好的部分时，通常表现得条理清晰，逻辑性很强，也具备一定的开放性思维特质。具有回避型依恋模式的人，当事人坚持称想不起家庭生活的事情，原生家庭对其没有影响，他们的叙述具有一种“排斥”心理。他们的父母与他们的沟通没有尊重差异性，也就没有促进非整合关系中的联结，阻碍了左右脑的整合发展。矛盾型依恋模式的人，右脑过度活跃，经常被情绪研磨，而左脑则没有发挥适当的作用，缺乏理性。紊乱型依恋模式的人，他们大脑中的内隐记忆转化为外显记忆的过程受到了阻碍。他们所经历过的创伤所表现出来的情绪、感觉、意象就像是当下仍在发生，而不是来自过去的记忆。

教育心理学家丹尼尔 · 西格尔提出第七感工具来帮助不安全依恋模式的父母进行情感与人格的重建，进而通过改变自己来治好管教风格的“病

症”。这里列举其一：

如果亲子关系出现了裂缝，先反思发生了什么，然后尝试去修复亲子关系。经常进行这种修复，可有效纠正父母的不安全模式对孩子产生的影响，也有助于父母的自我完善。

比如，父母可以回忆最近与孩子之间发生的一次争吵，这种争吵使得原本关系裂缝增加了一些，尽管这次所带来的是轻微的裂缝。然后，可以和孩子进行一场反思性对话来修复裂缝。

在对话一开始，父母要表明态度，自己是想重归于好。父母可以先分析孩子的感受，然后再分析自己的感受，并对自己的行为进行抱歉。

父母要将每次裂痕看作与孩子之间心灵互通的机会，而不是当作问题来处理。这种态度有助于父母创造整合的机会，与孩子之间建立更加牢固的感情联系。注意，在这个过程中，父母要多聆听，保持开放的态度，通过共情感受孩子的视角，不可以多用“我觉得……”“我认为……”这样的语句，而要用“你让我觉得……”“你让我感到……”这样的句式来表达。在修复关系裂缝的过程中，只要分享每个人的感受就可以，不要过于在乎结果。

2.不同的出生顺序所需的沟通风格

家长微信录

我们家老大是个女孩，老二是个男孩。他们俩只差两岁，性格差别很大。老大很优秀，爱学习，还会拉小提琴，画油画。但她的闺密却告诉我，老大觉得生活没意义。老二却不成器，整天调皮捣蛋，从小学直到初中一年级，我都是老师办公室的常客。我经常在老二面前表扬老大，并劝诫老二要向老大学习，但是现在突然发现我与他们的沟通似乎存在问题。

破解青春期孩子行为心理密码

这位妈妈与孩子们的沟通方式的确存在问题。当着姐弟俩的面进行比较，夸赞姐姐，批评弟弟，这会在无形中为两个孩子带来压力。姐姐为了保持这种优越的归属感，会努力做好“父母眼中的好孩子”，却忽略自己内在的成长意愿，弟弟则会继续叛逆行为寻求过度关注来找到归属感。

从出生顺序的角度来说，心理学家莱曼博士通过30年的家庭排行研究，得出了不同排行的人的性格特征。排行第一的老大或独生子女性格较为相近，通常具备领导能力，做事有规矩，讲顺序和逻辑，大部分都有完美主义情结。排行在中间的孩子，容易受到忽视，存在感低，他们通常喜欢从家庭之外寻找存在感，喜欢交朋友，擅长处理人际关系。排行最末的孩子，受到宠爱较多，性格上较为依赖别人，又因为在兄弟姐妹关系中处于弱势，因此他们通常通过调皮捣蛋的方式来吸引他人的注意力，他们较有创造力。此外，年龄差距、性别差异、生理差异、父母价值观、家庭结构等因素，则成为影响排行性格的变量。

青春期孩子喜欢的沟通方式

不同出生顺序的孩子性格不一，思维方式不同，因此，在沟通方式上也应有所区分。对于老大来说，在沟通时应帮孩子克服完美主义造成的负面影响，对于中间的孩子来说，应让孩子明白他对于父母来说，是极为重要的；而对于排行最末的孩子来说，父母需要提防他的“小把戏”，适当忽略他寻求过度关注的行为，鼓励他一起寻找解决问题的办法。下面，我们从排行角度来说说父母与孩子们之间正确的沟通方式。

排行第一的孩子的沟通风格

对于老大或独生子来说，他们时常会有一种“必须永远当第一”的心理，他们会成为喜欢竞争的高成就者。在沟通时应帮孩子克服完美主义造成的负面影响，打破孩子一直以来的“完美主义”恶性循环。咱们可以参照下面这位爸爸的沟通方式：

爸爸发现青春期的女儿凡事都输不起，动不动就哭鼻子。他了解了一些关于排行成长情况的知识，反思自己的教养方式，认为在孩子成长过程中他说得最多的就是赞赏的话，无疑助长了孩子完美主义锐气。于是，他决定在接下来的日子让女儿吃点苦头。

他与女儿一起下棋时，再也不是故意输给女儿了，而是发挥正常水平，次次都要赢。当女儿赢了每次的测试时，他也不再夸赞，而是说“可见你前一阵子比较努力。”当有人夸女儿读书多时，爸爸则对女儿说：“永远不要高估自己，你看的书并不多。”女儿再也找不到那种飘飘然的感觉了。她起初感觉愤怒，到后来也就习惯了，慢慢的，不再事事追求完美，抗挫力增强了不少。

排行最末的孩子的沟通风格

对于排行最末的孩子来说，他们习惯了别人替他们做一些事情，因此他们经常发展出操纵别人来照顾自己的技能。他们有时候在与哥哥姐姐的对比中，会感到自己不够聪明，或者是不够好。父母需要提防他的“小把戏”，适当忽略他寻求过度关注的行为，鼓励他一起寻找解决问题的办法。

建议父母在与排行最末的孩子的沟通中，要让他明白，父母已经知道他是一个很聪明能干的小伙子，相信他能做好一些事情。然后可以从他感兴趣的事情开始，刻意训练他，让他的能力得到更好的发挥。咱们还可以参照一位优秀老师的做法：

这位老师班里有一个男孩，阅读能力特别差。这位老师了解到他的家庭情况，知道他是家里的老小，自小就是在宠溺的环境里长大的。老师一下子对他的性格了如指掌。

老师找他交谈，并告诉他，“我知道你很聪明，我相信你在阅读能力最好的小组都能做得最出色，只要你尽力去做。”在之后的日子里，老师一直采取这种沟通方式来鼓励他，他也终于没有辜负老师的期望，成了阅读小组里的领先者。

3.生活态度取向与沟通风格

家长微信录

在别人眼里，我是一个温和的妈妈，从来不会打骂孩子，对孩子提出的要求会很快答应，还经常把做决定的权利给孩子。我的孩子一直被邻居朋友们称作“淘气大王”，可这骨子里的淘气劲儿在青春期依然没有改变。如果说从前我对此毫不介意，但现在我却开始不断收割他的淘气带来的后果：逃学、扰乱课堂秩序、从不按时就寝、脾气差……

破解青春期孩子行为心理密码

上面这位妈妈属于典型的安逸型妈妈，这是从生活态度取向上来说的。生活态度取向理论是以色列心理学家尼拉 · 凯弗提出的。他认为，童年时期的大量潜意识决定了一个人的生活态度取向。所谓生活态度取向并不是描述你是谁，而是代表你在生活中会做出以何种方式找到价值观与归属感的决定。

尼拉 · 凯弗将生活态度取向分为四个类型，他是根据测试来归类的。

问题是：你最想逃避面对的情形是什么？答案有四个，1.压力和痛苦；2.批评和屈辱；3.拒绝和抛弃； 4.无意义和不重要。而这些肯定的答案对应的四种类型分别为：安逸型、控制型、取悦型、力争上游型。每一类生活态度取向既有其特有的优势，又有其不可避免的缺陷存在。父母的生活态度取向会在很大程度上影响到其管教孩子时的沟通风格，进而对孩子的性格、行为产生一定的影响。

青春期孩子喜欢的沟通方式

父母对自己的生活态度取向的优势与劣势了解得越是充分，就越能够从容面对来自孩子的挑战，并选择正确的方式来使这种挑战趋于合作。我们详细来说这四种生活态度取向下的沟通技巧。

安逸型生活态度取向下的沟通技巧

具有安逸型生活态度取向的父母一直想逃避痛苦和压力，他们认为与孩子发生冲突会给自己造成一定的压力，因为他们更愿意成为最听话的父母。这样的父母，给人的印象是随和、不索取、圆熟。但此类父母因无法让孩子了解到限制和条理，对孩子会过于骄纵，容易使孩子变得任性、缺乏责任感、放纵。建议安逸型的父母有必要给孩子制订一定的日常惯例，设置目标，共同解决问题，在一定情况下，允许孩子体验行为的自然后果。

桃子妈妈是安逸型妈妈，桃子想买新衣服，新书包，想报辅导班……没问题，但凡在她承受范围内，她会统统答应。当然，桃子妈也有犹豫的时候，此时桃子就会动用终极武器——发脾气，妈妈很快就能屈服。但桃子妈发现，她现在开始遭受巨大的压力和不安逸，桃子这个自己做主做惯了的小公主，每个月花钱如流水，比她的工资都要高出两倍。怎么办？

桃子妈开始在家庭会议上和女儿一起制订出日常消费规矩，其中既包括如何花钱，又包含一些独立挣钱的手段，诸如，通过做家务、帮家里看店铺来获得挣钱的机会等。这样一来，桃子的乱消费行为收敛了不少。

控制型生活态度取向下的沟通技巧

具有控制型生活态度取向的父母对批评与屈辱的情景会产生本能的抵触，他们认为只有控制局面才能找到安全感。控制型父母具有领导力、组织力和高效率，他们愿意遵守规则，对目标坚持不懈。但他们也有其固有的缺点，例如容易冲动，缺乏创造力等。控制型父母可能会过于严厉，凡事都要管，对孩子进行过度控制。这会招致孩子的挑战与反抗，当然，另外一些孩子也会处于一直退让状态。这种控制无助于培养孩子自立自强的性格。控制型父母应该多为孩子提供选择，问启发式问题，让孩子更多地参与做出决策。

林格的爸爸是个控制狂。他在单位就是个领导，到了家里，依然是林格的领导。他总是告诉林格应该怎样做，不应该怎样做，他不允许林格顶嘴。他的目的是培养林格自律与积极上进。可结果呢，林格一直在反抗，他一直得过且过，经常幻想18岁后就搬出去住。父子关系也越来越紧张。直到林格的爸爸开始改变，他开始反省自己，不再事事掌控，开始无条件地爱孩子。渐渐地，林格反而越发优秀了。

取悦型生活态度取向下的沟通技巧

具有取悦型生活态度取向的父母，认为只有获得他人认可、讨好他人才能让自己得到归属感和价值感。在教育风格方面，他们表现为，愿意通过取悦孩子来赢得孩子的爱，避免亲子冲突。他们友善、谦和、体谅，也有助于孩子培养这些与人交往的美好品质。但是，另一方面，他们逆来顺受，善于妥协，这会让孩子感到沮丧，愤怒，反感。此类父母应真诚表达自己的感受与情绪，学会正确的给予与接纳。

颖儿的妈妈花费了大量的时间来讨好颖儿，颖儿高中住校，妈妈每天

变着花样做好吃的送到学校去。结果，颖儿妈妈有一次偶尔得知，颖儿因为有这样一个家庭主妇妈妈而自卑，要知道同学的妈妈有的是国企高管，有的是自己开公司的，差一点的也有一份工作。而妈妈除了洗衣、做饭、伺候一家人，什么都没有。颖儿妈妈也意识到自己一直处于讨好取悦的状态。这一次，她当着全家的面，发泄了自己的情绪，并决定为自己而活。结果呢，颖儿开始学会了尊重与理解，并且也开始一点点自立，自信心也更多了。

力争上游型生活态度取向下的沟通技巧

具有力争上游型生活态度取向的父母，喜欢通过获得一定的成就来得到安全感与价值感。他们会尽力避免生活中无意义的事情。他们有见识、有竞争力、有社会责任感，是典型的坚持不懈的理想主义者。在养育孩子方面，他们会为孩子做出榜样，激励孩子出类拔萃，但又会容易造成对孩子期望太多，注重结果，容易说教，导致孩子产生无力感。此类型的父母应允许孩子拥有自己的目标，无条件去爱孩子，支持孩子，多一点幽默，更多地去享受过程，而不是结果。

丁丁的爸爸是一家公司的总监，他经常向丁丁讲述自己小时候是多么勤奋刻苦才能考上名牌大学研究生。他对丁丁的期望值相当高。丁丁却感到压力重重，学习对他来说并不是快乐的事，而是头疼、痛苦的事情。丁丁的爸爸通过咨询决定改变自己的养育风格。丁丁爸爸与丁丁商量好，调整了心理期望值。他也不再看结果，而是更看重丁丁学习过程中的努力与快乐。很快，一切都变好了。

4.放养、自由与民主

家长微信录

我们单位一个同事以前总是夸赞他所谓的“放养”教育方式，他说，他家孩子根本就不用操心，因为他这种自由、民主的教育理念会极大提升孩子的创造力。他从不干涉孩子的事情，但他家孩子自己清楚自己要走什么样的路。真的如此吗？我看不一定。最近他开始怀疑人生了，做甩手掌柜这么多年，突然都不认识孩子了，孩子总认为他很蠢，动不动就拌嘴。

破解青春期孩子行为心理密码

一些父母接受了国外的放养理念，认为放养的孩子没有青春期的冲突。放养可以激发孩子的创造力，可以使孩子更早适应社会，利于孩子将来的发展。果真如此吗？很多父母并没有学会其精髓，而是照葫芦画瓢，进行了过度放养，什么都顺从孩子的意思，孩子就像一匹脱缰的野马一样自由。

这些父母自认为是最民主的父母，父母们对孩子的错误行为不是纠正，而是不管不顾地默许。这样的结果是，当父母决定要管教孩子时，孩子就会进行反抗。孩子的行为并不总是自然而然就会得到纠正，一些情况下，孩子会在错误的行为中逐渐迷失。

青春期孩子喜欢的沟通方式

放养、自由与民主并不是除了孩子的安全，其他事情彻底放任不管，而是要建立在尊重的基础上，讲究适度、底线等原则。

没有规则不是爱，而是对孩子的惩罚

在孩子与父母沟通的时候，有必要给孩子制订一定的规则，规定好孩子不能逾越的底线。关于这个问题，在咨询过程中接触过一个真实的案例：

一个青春期男孩是家里的独苗，爸爸妈妈以及家里的四位老人都宠着他，放任他。只要他想要的，大人们想尽办法给予满足。爸爸妈妈总是鼓励他自己做决定，哪怕决定是错的，他们也会为孩子辩护。孩子犯了错，爸爸妈妈从来不给予其从错误中学习的机会，而总是说“我的孩子没错，一定是别的孩子错了。”或者“我的孩子心性好，根本不会犯错误。”

这种管理方式带来了严重的后果，男孩和同学打架，将对方打残，他被学校开除。后来男孩去一家技术学校学技术，但也因为不顺心，和培训老师起了激烈的冲突，甚至对老师拳打脚踢，后果可想而知。

父母放任不管的后果是，孩子会自己制造出一系列难以摆脱的麻烦。爱孩子，就要与孩子勤沟通，而沟通的时候，也要传递给孩子价值观，让青春期的孩子逐渐形成正确的是非判断标准，变得更自觉，更自律，更有责任感。

关于为青春期孩子制订规则的几点小建议

当你要给青春期的孩子制订规则时，要注意这样几点：

1.不重要且不紧急的事情可由孩子自己做出决定，制作出规矩样本，然后和父母一起来商讨可执行性。重要或紧急的事情，则必须双方一起来商量，事先制订出规则，再做出决定和行动。例如，在去超市或购买自己喜欢的东西，为孩子提供选择的权利，而父母则是这种权利的监督者。

2.确定在家庭里全家都要遵循的基本行为惯例，不必追求完美，并且随着青春期孩子的成长，这些惯例也要适当做出一些调整。例如，制订出全家每周六上午一起去森林公园，中午一起去大家都喜欢的餐厅吃饭。这些惯例有助增强家庭成员之间的沟通，使青春期的孩子更愿意向家人敞开心扉，学会合作，避免或解决某些行为问题。

3.对于制订出的规则，循序渐进，坚持不懈。制订的规则就要坚决执行，对于已经习惯了放养式教养方式的孩子来说，在这个坚持过程中，可循序渐进，使他们逐渐变得愿意遵守规则。例如，对于习惯了不收拾房间的十几岁孩子来说，突然有了收拾房间这个规则，显然是难以接受的。这一规则起初可以是每周收拾一次，然后是每周收拾两次，再逐渐过渡到天天收拾。规则一旦经过重复练习，最终就能不断强化为好习惯，进而对孩子美好品格的形成产生正面影响。

4.父母要做孩子最好的榜样。不要让过度放养使我们变成不负责任、不尊重、不理解孩子的大人。父母可以从自己做起，言行一致，以身作则。青春期孩子可能存在不礼貌的问题，父母每次和孩子进行沟通之前，要反思自己是否也存在这类问题。要明白，只要父母做得足够好，孩子的行为也会自然而然受其影响，行为问题得到改善或解决。

5.无人机型父母：我们都是为你好

家长微信录

儿子上初中住校，我不放心，怕他在外面一个人不能很好照顾自己。我经常关注他的朋友圈，看他学习日常，以了解他在学校的情况，从微信圈内容里推测他在学校里学习或生活有没有遇到什么问题，是不是很快乐。于是隔三差五去他的学校给他送吃的，给他带去干净衣服以及一些学习资料，跟他讲如何和同学更好相处。他非常反感，竟然屏蔽我了。

破解青春期孩子行为心理密码

可以毫不客气地说，这位父母已经不知不觉成了“无人机型父母”预备军中的一员。即便孩子不在身边，通过微信、QQ等社交工具就能轻而易举完成遥控，一旦孩子遇到问题，第一时间就能抵达现场。无人机型父母的养育方式是过度养育。

美国的《儿童发展》杂志在20世纪90年代，从心理学与社会学角度出发，对4100名青春期少年进行调查发现，在过度养育环境下长大的孩子，在自信与自立方面付出了代价，他们对自己的社交能力和学习能力评价较低。

过度养育的负面效应在孩子的青春期以及以后的日子里会逐渐体现。美国斯坦福大学博士朱莉·海姆斯也曾多次在公众场合力陈“过度养育”的弊病，并形容自己接触过不少斯坦福高材生“有的新生连话都不会说，而是父母在边上代劳。”事实证明，过度养育会损害孩子的能力、韧性、快乐和自我意识。被过度养育的孩子，在进入社会以及工作、结婚之后，由于无法隔断与原生家庭的脐带，从而遭遇到更多的阻碍。

青春期孩子喜欢的沟通方式

对于“无人机型”父母来说，确保青春期孩子能够吃好，喝好，学好，保障他们的安全、健康，然后在这些基础上，期望他们进入最好的学校，最好的班级，当然最好还要有个好成绩。除此之外，孩子如果能获得更多的荣誉，创建社团，担任班级骨干，那就再好不过了。他们期望以及想要塑造的是一个“完美”的青春期孩子。可对于青春期孩子来说，父母的这种“我们都是为了你好”意味着什么？

事实上，由于父母的过度帮助、保护、指导与关怀，剥夺了孩子建立

自我效能的机会。那么，父母应怎样改变自己的教养风格，才能更好地与青春期的孩子沟通，使他们能够在心智上健康成长？

从日常小事开始，让青春期的孩子学会自律自立

对于无人机型父母来说，对孩子放手就如同与孩子之间的分离一样不容易。他们通常患有“放手障碍症”，感觉受到排斥、无人欣赏、信心不足，甚至不遗余力地阻止分离的发生。但放手是十分必要的，你可以从一些小事开始，给孩子一定的自主权与选择权。可以让孩子从做家务这样的小事开始。

史上历时最久的追踪研究项目哈佛格兰特研究发现，那些毕业于哈佛并走向社会的成功者，他们专业上的成功，也就是我们期望孩子达到的，取决于小时候做的杂活，并且越早开始越好。而做家务能给孩子带来这一种“撸起袖子开始干”的理念，这种理念传达的观念是：“我会尽力改善事情以获得先机。”这种思维方式使得孩子在今后的行动中更具自主性，而不是等到别人下达命令才开始行动。

特朗普的竞争对手希拉里说：“我很欣赏他的孩子。”的确，特朗普的五个子女各个家教得体，事业有成。特朗普的孩子们在上学期间，都是自己打工挣零花钱，而特朗普只提供生活费和教育费。特朗普的女儿伊万卡在上高中期间兼职模特来挣钱。伊万卡说：“我不得不去挣钱，因为除了学费外，其他一切开支我都要自己掏腰包，所有的一切都只能靠自己。”

延迟满足，吃得了苦吃得了亏的孩子走得更远

心理学家米切尔在20世纪60年代做过一个著名的延迟满足实验：实验对象为几十个4岁的孩子，给每个孩子一块软糖。米切尔告诉孩子们，等他离开后，如果谁能够做到没有吃掉软糖，就可以再多吃一块软糖。结果，有的孩子能够抵制诱惑，获得了额外的软糖，而有的孩子则早早地吃掉了

软糖。

米切尔通过对这些孩子的追踪调查发现，在这些孩子青春期后，那些能够做到延迟满足的孩子，具备较强的竞争力，较高的效率，他们自信而自律；而没有做到延迟满足的孩子，他们缺乏责任心与自信心，抗挫力差。

对于喜欢过度养育孩子的父母来说，他们喜欢给予孩子“即刻满足”，几乎每天都鼓励和夸奖孩子，帮孩子一起抵御任何的打击与挫折，他们无形中夺走了孩子独立完成任务的一次又一次机会。这种教养方式很难使孩子获得个人心智、能力、技能方面的成长。因此，无人机型父母得意识到，让孩子吃点苦，吃点亏，这样他们会成长得更皮实些。事事包办，以“我都是为你好”的名义监督孩子，替孩子生活，这是极不负责任的做法。

6.控制型父母：我是你妈，你得听我的

家长微信录

我收到了孩子的一条微信，其中几句尤其让我心寒：“你可知道比暴力更可怕的是控制”“你从来不关心我的感受，动不动就说‘我是你妈，你得听我的’，我恨你。”“我不是你的附属品，我甚至想离家出走！”“如果家长的任务是控制孩子，您是第一名！”我反思过，我罚他禁足过，要求他考试必须保持前五名，不允许他结交品行差的人，不允许他去搞什么他喜欢的摇滚音乐。我是他妈，管教他是我的职责啊。

破解青春期孩子行为心理密码

这位妈妈并没有真正反思自己过于“控制”孩子。教育学家科恩在其《无条件养育》中指出，这种以强势为基础的教育方式极具破坏性，会导致两种极端：有的孩子会变得极度顺从，有些则会变得极度反抗。

父母对孩子的控制在收获一个顺从的孩子的同时，却是以牺牲其个性自由为代价的。顺从的孩子沉默、乖巧、无抵抗意识，他们不喜欢与同龄人互动，缺乏好奇心，创造能力差，缺乏自信。

而对于因父母的控制型管制而走向叛逆的孩子们来说，他们因为自身的意愿、判断和需求得到了压制，而调动叛逆来恢复其自主感。有的孩子会与父母之间发生更多的战争，屡次挑起事端，试图操纵父母。他们也会将这种情绪带到学校，在与同龄人相处中表现得好斗、捣乱，因此，他们并不怎么受欢迎。

青春期孩子喜欢的沟通方式

很多父母都认为控制青春期的孩子是他们的职责所在，如果他们不能做一些对孩子未来有益处的事情，他们就是在“纵容”孩子。心理学家托马斯 · 戈登说：“专治的环境令人生病。”醒醒吧，在操纵型教养方式下，是没有赢家的。

父母的觉醒：从操纵、专治到接纳、理解

平时接触控制型的父母并不少，发现他们有两个共同点：其一，背后也有一个控制型的父母；其二，将期望、权威投射到孩子身上。

在进行家庭咨询时，碰到这样一位母亲。她甚至对她的控制型养育风格引以为傲，并不觉得这是造成她和女儿沟通问题的根源。

她说，她对女儿的学习任务、回家时间、交友情况都有严格规定，一

旦违背规矩，就会得到禁足、不能看电视等惩罚。她很满意自己，她认为她尽到了做母亲的职责。她还讲起自己十几岁的时候，父母也同样喜欢给予严厉的养育方式，规矩相当多，她都不想回家，但是后来她发现，这种严厉的管教方式无论如何是成就了她。现在周围很多朋友都很羡慕她的功成名就。她不知道为什么到了女儿这里，这种严厉的管教方式就突然失效了。她只不过希望女儿像她一样，走她设计好的捷径而已。

孩子应该成为他自己。父母要努力做让孩子享有成为自己的权利，让他们在自己的轨迹里生活，而不是代替父母来生活。如果父母打算和孩子好好沟通，走进孩子的心里，就必须抛弃自我的优越感，不要将自己的主张、期望、权威与控制投射到孩子身上。这会奴役孩子，削弱他们的能力，使他们在青春期或成人之后遇到麻烦。

我们需要有意识地联系，向内审视自身。当你意识到你对孩子的管控、愤怒并不是因为孩子犯了错，而是因为自己太焦虑，自己太渴望在孩子身上投射自己未完成的梦想时，这就是一种“觉醒”。父母只有安顿好自己的身心，完成自己的成长与学习，才能帮助孩子成为一个健全的人，才能与孩子之间沟通更和谐。

用邀请、鼓励代替指令

控制型父母习惯使用指令式语言风格与孩子沟通。而指令式沟通会增加孩子的依赖性，消解孩子的独立性与合作性。有一个简单的方法可以迅速判断出是否使用了指令式语言，即如果你经常重复自己说过的话，并抱怨孩子屡教不改或者不听话，这表明你过多地使用了指令式语言沟通方式。

指令式语言会招致孩子的抵触心理，使孩子更加叛逆。你不妨用邀请、鼓励的语言来代替指令语言。诸如这样一些语言：“我马上就要出门了，我很感激你昨天帮我洗干净了我喜欢的这件衣服。”“让我们一起想办法来解决这个问题吧。”“我想邀请你帮忙一起搬电视和书柜。”

管教方式必须基于尊重、欣赏与爱

在专制型管教风格里，父母通常会注重短期的教育效果，他们会这样来履行职责：捕捉孩子的不良行为，以便及时通过惩罚或说教来纠正引导；或者随时准备捕捉孩子的良好行为，以便给予奖励。他们甚至觉得孩子应该走一条他们定制好的人生，因为这对孩子来说是最好的。

《神秘巨星》这部印度影片里就有这么一位爸爸。出生在一个小城镇的尹希娅，她的梦想就是成为全世界最优秀的歌手。不幸的是，她背后却有一个传统且控制型的父亲。但幸运的是，她的母亲却最懂得爱与尊重。

6岁那年，妈妈给她买了把吉他，因为一次成绩不理想，控制型爸爸摔断了她的吉他。15岁时，妈妈卖掉自己的项链给她买了电脑，她用电脑上传视频。当控制型的爸爸发现之后，命令她将电脑摔得粉碎。控制型的爸爸从不问女儿的梦想，也不问女儿的想法，想直接将她嫁给一个大胡子。在他心里，女儿只能拥有他定制好的人生。

高控的父母，通常会披着“我是你妈或你爸”的外衣，以“我是为你好”为武器，打着以道德为名的旗号，束缚孩子对生活本身的渴望。可是你又如何知道这就一定是适合孩子的人生呢?

在电影中，尹希娅终于喊出：“这不是我的人生！我不要嫁给一个我不认识的人！我的人生当然由我自己决定！”

与其说这个青春期的女孩太叛逆了，不如说她的叛逆就是一种自我的觉醒。后来，在妈妈以及老师的支持与鼓励下，这个青春期的女孩终于开始追求自己的梦想。

事实上，基于控制的管教方式，青春期的孩子没有机会发现并设立自己的界限，也没有机会学会为自己的人生负起责任。而只有当你对孩子的管教是基于尊重、支持与爱时，孩子才能做出自己的选择与决定，获得最大程度的支持，成为一个独立的人。

7.骄纵型父母：星星月亮都给你

家长微信录

处于青春期的女儿与我相处一直很好，我们无话不谈，就像朋友一样。她的作业遇到了问题，我会放下手头的事情，在网上帮她查找解决问题的办法。我为了让她在学校里更受欢迎，每次都会去当地最好的商场给她买漂亮衣服，允许她在家里随便办派对。毕竟，女孩子是要富养的。但周围朋友们很不认可我的做法，他们认为我过于骄纵女儿了。果真如此吗？

破解青春期孩子行为心理密码

这位妈妈对女儿的确有些骄纵。骄纵型父母多带有内疚之心来养育孩子，他们不愿意放手让孩子从自身的行为中去学习，不给孩子机会去践行“我能行”的信念。他们会在孩子将事情搞砸后，给予过度保护，并以此消解自己的内疚感。

骄纵型的富养并不是真正的富养。真正的富养并不是用钱与物质去滋养的，也不是通过充当孩子的护花使者，以过度解救与保护来使孩子心理优越感膨胀。富养不是骄纵，而是避免过度保护与解救，让十几岁的孩子吃些苦头，增长阅历与视野，学会自食其力。也许他会在一段时间认为父母不够在乎他，但是他们慢慢就会明白。

青春期孩子喜欢的沟通方式

对于骄纵型的父母来说，他们从不会为孩子设立界限。在为了孩子的前提下，他们通常会将大量的精力用在本应该怎么做、本能够怎么做或本打算怎么做上。一直等到问题发生，他们才会被动做出反应。

有一位妈妈来咨询。她早年离婚，一个人带着女儿生活。女儿初中毕业后就上了职专，每个月信用卡都要刷爆，她工作遭遇变故，现在只挣很少的钱，实在不能像从前一样处处帮她。上个月，女孩自己做兼职，却通过欺骗雇主多拿了很多钱来还信用卡，结果被发现了。母亲向雇主道歉，帮女儿还了多拿的钱。但是，她觉得不能一直这样下去了。

这是一位典型的骄纵型母亲，因为离婚内疚，总觉得欠女儿的太多，于是就在物质上进行补偿，并一直担任女儿的解救天使的身份。她没有意识到自己作为一个骄纵而过度保护的母亲，是如何造成这种问题的，她只是任凭事情发展下去。她的问题又何尝不是骄纵型父母普遍存在的问题。那么如何解救自己，解放孩子？

与青春期的孩子划清界限，允许他体验选择带来的后果

骄纵型的父母习惯将孩子的事情当作自己的事情，甚至超过了自己的事情。这种无疆界的亲子关系对于年幼的孩子来说，是可以理解的。毕竟孩子在幼年时期缺乏经验，对事情的理解力、判断力、预见力、独立思考的能力都是有限的。父母如果能给予一定的保护、帮助、指导，孩子获得一定的依赖感，亲子之间关系更为和谐。但是到了青春期，随着十几岁孩子心智的逐渐成长，他们在心理层面更需要“断乳”，与父母划清界限，拥有更多的自我成长空间。

对于处在青春期的女儿来说，父母应逐步顺应她的成长规律，与她划清极限。事实上，她完全明白金钱透支的危害。父母应该以一种很尊重的态度对她表现出共情，然后让她对自己愿意花钱的数额设定一个明确的限制，并帮助她找到能够改善目前财务状况的方法。这做起来可能并不容易，但结果却能使女儿迅速从骄纵的环境里脱离出来，完成个体的成长。

给青春期的孩子设置一个底线

从上面那位妈妈的描述中得知，她的女儿在职专兼职期间为了还上信用卡，甚至采取了欺骗的手段。其实，对于自小骄纵惯了的孩子来说，他们在青春期时，普遍存在一个问题：缺少必要的底线。《红楼梦》里的贾宝玉，自小就在骄纵型环境里长大，从衣食起居到上学读书，事事都被顺着纵着。这也使得他恃宠而骄，没有底线。在感情和生活上顺性而为，最终造成悲剧。对于青春期的孩子来说，底线不仅要有，而且必须打牢。

伊万卡在一次采访中说：“父亲的严格，是一种不一样的严格。他的严格是给出底线，如：绝对禁止吸烟、喝酒、嗑药。”伊万卡在这种底线的约束下，甚至对派对并不怎么感兴趣，反而更喜欢安静。

当你做到与孩子划清界限，为孩子设置底线，并允许他体验选择带来的后果后，你就在一步步逐渐在实现和善而坚定的养育。

8.摇摆型父母：黑猫白猫，抓住老鼠就是好猫

家长微信录

看了太多关于虎妈、狼爸的教育经，于是决定采取严厉的惩罚式教育。大冬天早晨就把孩子叫醒让他去锻炼，去晨读；考试进不了前十名，就会失去旅行的资格；如果做错事情，按照规矩没收零花钱等。当内疚、同情涌上心头的时候，又会认为备受推崇的“给孩子自由”的教育可能更有效。于是，总是反复在这两种风格中摇摆不定。

破解青春期孩子行为心理密码

在教育青春期孩子的问题上，很多父母都是如此，在他们看来，黑猫、白猫，抓住老鼠就是好猫。他们注重教育方式所带来的短期效果，于是经常会在不同的养育风格之间摇摆不定。当他们决定施行严格教育时，觉得对孩子太严厉怕伤害到孩子，怕孩子太顺从没个性，也怕孩子反叛愤恨。当他们开始给孩子更多的自由时，又觉得自己是在放任孩子、骄纵孩子，害怕太任性不听话，于是又转回以前严厉的教育方式。

研究发现，在过度控制教育模式下，孩子因为经常受到惩罚，容易走向两个极端，要么特别叛逆，要么会因为恐惧而变得顺从。而在过于宽松的骄纵教育模式下，孩子会过于依赖父母，不懂得合作，缺乏责任感。如果是这两种教育模式不断重复，不利于孩子形成固定的积极的人格，使孩子会依赖父母，缺乏自信。

青春期孩子喜欢的沟通方式

一般摇摆不定的父母总是心口不一，一面说着 “我家孩子的健康、快乐比什么都重要！”另一面又逼着孩子必须学东西，必须达成某种目标：“孩子，你可听好了，这次我们的目标就是前十名，除了前十名，就是前五名。没其他选择。”

这种摇摆的理念自然是对孩子产生一定的不良影响，但父母自身又何尝不是这些困惑和冲突的受害者。现在的父母多在青春期受到过严苛的教育，在学习或生活中充满了挫折与恐惧。他们知道当时的教育对自己的成长产生了哪些有利的影响，又产生了哪些不利的影响。于是，当自己成为父母后，自由、民主式教养方式备受推崇。那么，如何摆好管教的天平呢？

在反思中，理清自己，发现孩子

摇摆型父母时常有着内在的矛盾。有时候，他们认为孩子只要努力了就可以了，只要快乐就行了，只要健康平安就已经很好。同时，他们又有着矛盾的一面：“我这辈子就这样了，怎么能让孩子走我的老路呢！”此时，看到同事朋友的孩子们金榜题名，五项全能，自然也会感到焦虑。

中考一过，摇摆型父母就排了一大长队来咨询。小宋的妈妈一直在问：“是不是我平时管得太松了”“怎么办啊，一点都不理想，是不是有时候对他太严厉，给他压力了”等。可以听出，她在严厉还是骄纵之间徘徊不定。

在了解了小宋的一些情况后，建议小宋的妈妈问自己一些问题：

1.我对孩子的期望是什么？为什么会有这样的期望？

2.孩子最重要的品质是什么，有哪些显著特点？

3.我希望孩子以后有怎样的生活？

4.孩子能够达到我的期望值吗？达到之后，我的生活如何？达不到，我的生活又是如何？

5.孩子对自己的期待是否与我对他的期待一样？如果不一样，谁的期待至上？

小宋的妈妈在反思这些问题之后，发现自己的摇摆教育策略给小宋造成了极大的压力，挫伤了小宋的自信心。与此同时，她也发现，对于内向的小宋来说，虎妈狼爸式教育是不适合的。小宋的妈妈开始采用温和而坚定的正面教养方式来改善现状。

其实，作为父母，也应该反思这样几个问题。反思这些问题，有助于理清自己的真实想法，发现孩子的真实状态。寻找双方共同的期待点，并就此达成一致，在教育方式上采取孩子能够接受且对孩子有益的温和而坚定的养育方式。这意味着父母需要针对孩子的特点和孩子的梦想，提前做好一些功课，该帮孩子把关时一定要坚持，需要妥协时也要适时做出退让。

9.正面管教型父母：和善而坚定

家长微信录

我的女儿因为老师处理的一件事情而生气，她还用激烈的言辞把老师气哭了。结果是，校长约我和女儿下周二下午2点去办公室谈话。我很纠结，气愤。我严厉批评女儿的目无师长，缺乏教养，说了很多难听话。女儿却异常委屈，说我们所有人都不理解她，她想离开这个学校和这个家。事情很严重，该怎么办?

破解青春期孩子行为心理密码

从这位妈妈的处理方式来看，她与女儿的沟通存在严重问题。她在第三者叙述而不是真正了解事情的情况下，就对女儿进行管教。而且管教的方式也不恰当，没有问孩子的感受，劈头就来上几句难听话。这种没有理解与尊重的管教方式又如何让孩子学会理解和尊重他人?

建议这位妈妈使用正面管教方式来与女儿沟通。正面管教是由教育学家尼尔森提出的，他指出，父母应当使用既不惩罚也不娇纵的和善而坚定的管教方式。这种方式有助于消解青春期孩子们的对抗与叛逆，有助于父母与青春期孩子的有效沟通。在这种教养风格中培养出的孩子，自律而有责任感，能够与人合作，擅长解决问题，并拥有一身让他可以受益终身的生活技能。

青春期孩子喜欢的沟通方式

教育学家尼尔森认为，和善而坚定意味着父母关注的是长期的后果和目标，而不是短期措施与效果。当你想向和善而坚定的教养风格进行转变时，你可以试着这样做：

在决定作出改变的时候，让孩子帮忙监督你的改变

你或许属于控制型父母，也可能属于骄纵型父母，或者其他的类型。不管你以前采取了什么样的教养方式，当你决定改变自己的教养风格时，有必要告诉孩子，并请孩子监督你。前提是，你要向孩子承认，你之前采取的教养风格的确存在一些问题，可能是对孩子惩罚过度，也可能是过于放养。要向孩子承认，之前的教养措施很多情况下并没有帮助孩子，要为此而感到抱歉。

要让孩子知道，你接下去所要奉行的养育风格与之前会有不同：

1.温和而坚定的教养方式中，温和是指“我和你沟通时，要充分尊重你的感受与心理”。坚定则是指“我也将尊重自己，以及尊重当时的具体行为程度，并根据具体问题采取合适的措施”。

2.更注重长期效果，更在乎温和而坚定的教养方式会帮助你成长为一个身心健康的人。

3.温和而坚定的教养方式会给你带来的一些改变，诸如：更有责任感，更自律，更有目标，有正确价值观等。

4.我会用更有效的方法来代替过去采取的那些过时的，没有正面效应的方法。

5.父母和孩子要学会相互尊重，并且做到相互尊重。在这个家庭里，每个人都有自己的生活，每个人都不是太阳系的中心，而是一颗颗具体的行星。

6.我们需要学习有价值的生活技能，比如如何更好与人沟通，如何更好解决问题等。

7.我不是完美父母，你也不是完美孩子。但我们都需要互相帮助，共同从错误中学习、成长、不断完善。

关于和善而坚定的正确观念

很多父母对“和善”抱有这样一种错误的观念——不做恶人，不去惩罚孩子。在这种错误观念的指引下，他们常常不自觉地讨好孩子，不知不觉陷入骄纵的误区。要注意，骄纵孩子并不是尊重孩子，他会剥夺孩子从错误中学习的机会。而当你表达对孩子感受的理解，并相信孩子能够处理好问题时，才是真正的和善与尊重。

而许多父母对于“坚定”的理解，则认为是说教或其他任何形式的控制。当父母以自以为是的方式来和孩子沟通时，换来的是孩子的对抗。“坚定”是一种尊重自己也尊重孩子的态度，当孩子犯错时，不要惩罚与说教，而是要用尊重的态度问一些启发式问题让孩子自己来告诉你发生了什么事情。我们举一个“和善与坚定”并行的例子：

莉莉答应去参加亲戚的婚礼，只不过她会先去上钢琴课，然后再去。当婚礼还有半小时开始时，早就到达现场的妈妈发现莉莉还没有来。她生气极了，本想拿起电话冲莉莉发怒一番“怎么还没到，早就说好的，这么不守信用！”但她想到和善而坚定的教育风格，于是她深呼吸了几下，等心情平静下来，她给莉莉打电话。以下是莉莉与妈妈的通话：

妈妈：你是不是在赶往婚礼现场的路上？路上堵车了吗？（表达关心）

莉莉：我突然遇到一个老朋友，和她聊着聊着忘了时间。

妈妈：这样啊，遇到老朋友的确是高兴的事情，聊得很投机就再好不过。但是，我感觉很焦虑，因为你这次是被安排要完成一些任务的。我希

望你能准时到达。（说出孩子感受，表达自己感受）

莉莉：可是确实迟了，我现在刚启程，还有40分钟才能到。

妈妈：那现在有其他的解决方法吗？你的任务有人可以替你完成吗？或者你可以选择更快的交通工具？（引导解决方法）

莉莉：我是打的出租车，比公交快多了，但路上有点堵。我告诉表妹，让她接替我的任务吧。我和她沟通后，回复您。

妈妈：这是个好主意。但是我希望你以后秉承“要事优先”的原则行事。

莉莉：好的，妈妈。一定。

在这场对话中，如果妈妈没有采取和善而坚定的态度，而是任凭情绪的怒火随意点燃，那后果可能是直接招致女儿的对抗，不参加婚礼。不仅如此，她的任务可能也难以找到接替的人，最终可能导致婚礼进展不顺利。

第三章

改变：和善、坚定、积极的正面管教

如今，处于青春期的孩子们所面临的压力多来自这些方面：家庭作业、分数、形象、人际认同……基于恐惧感和焦虑感，父母们似乎更愿意把更多的时间花在通过控制、贿赂、权威、纠正的养育模式上，以此来提升孩子各方面综合能力，期待孩子变得更受欢迎，但结果却经常背道而驰。

而基于勇气的管教方式并不是这样的，它要求父母们：建立家庭护栏；学会站在孩子的角度看问题；用赞赏和激励代替羞辱；帮十几岁的孩子塑造良好的自我形象……而只有这种和善、积极、坚定的正面管教方式才能真正对孩子有用，才能成就孩子的未来。

1.基于恐惧的养育VS基于勇气的养育

家长微信录

女儿仿佛不再是我们的女儿了，她经常耳朵里塞着耳机躲在她自己的小世界里，她不再喜欢每个星期的家庭聚餐与旅行，她也不再什么事情都告诉我们。她甚至会对我们说："请不要对我的生活指手画脚！"我们想到她的未来就感到恐惧，这才13岁就管教不了，以后会长成什么样呢？

破解青春期孩子行为心理密码

很多青春期孩子的父母都有这样的恐惧感，不愿意放手，仿佛孩子离了父母的管教就会无法无天。他们认为对孩子放手会给孩子造成永久的伤害，而控制或骄纵式的"过度养育"是唯一的办法。在这种理念下，他们不知不觉做了很多阻碍孩子成长和发展的事情。

家庭心理治疗师维吉尼亚·萨提亚说："只有在尊重个体差异、容许犯错、敞开沟通、灵活制订规则的环境中，才能让人感到自身价值所在——充满爱的家庭正具备这样的环境。"一个家庭在养育孩子过程中，最需要的是什么呢？是父母基于勇气的养育。而基于勇气的养育，首先需要的是父母做出一定的改变。

青春期孩子喜欢的沟通方式

教育家简·尼尔森说："基于勇气的养育，意味着要面对恐惧，并且

无论如何都要做最需要做的事情。勇敢的养育意味着要花时间教给孩子技能，即便批评或解救可能更容易。”基于勇气的养育意味着你要适时地放手，给予孩子无条件的爱，自我成长的机会，积极的自我价值，健康的自尊，使孩子更具有同理心、责任感、合作等高情商的能力。

随着时代变化而改变你的沟通方式

在以往，刻板、严厉、说教、惩罚、打骂、控制、权威式的教育方式曾经盛行过，目的是为了教育出乖顺的孩子。而如今，时代科技的变化，使得人们的生活方式已经发生了很大的变化。这种变化要求现在的孩子们成为更为出色的思想家以及终身学习者。而在这种要求下，父母的沟通方式也要发生一定的变化。

心理学家马斯洛说：“坦率讲，时代需要完全不同的人，（他应该）能够在变革中生存……（我们需要）让位给孩子，他应该不甘于静止、停滞和裹步不前，他应该对父辈的生活说再见、有信心面对未知的明天，即使面临从未经历的情况也能从容应对。”

这也要求从专制或放任养育环境中长大的父母，积极改变自身，从严厉、刻板、惩罚、说教、打骂等错误的教育方式中自我解救出来，变得和善、坚定、尊重，能为孩子提供无条件的爱，和孩子一起解决问题，向孩子传递正确的价值观。

我们以孩子收拾房间这件事情来说。当发现孩子的房间总是乱七八糟，什么东西都没有条理，地上都有一层厚厚的灰尘时，作为一个在专制或放养环境里长大的家长，可能会通过惩罚、说教的方式来强制孩子清理房间：“你必须清理房间，否则下个月零花钱就没了。”“你还不清理房间？等会儿去面壁思过！”也可能会进行放养式沟通：“天啊，打扫房间是你自己的事情，你自己不去做，没人管。”

这两种沟通方式都是极端的，并不会给现在的孩子成长带来益处。但是，如果用和善且坚定的语气与孩子沟通："房间这么乱，心情一定很糟糕。我希望你能够将房间收拾整理，物归原位，地面没有尘土，这样心情会好很多。让我们来想一想，如何收拾以及如何将收拾房间当作一种习惯坚持下来。"

当以相互尊重的态度，不惩罚，不骄纵地向孩子表达感受时，孩子就容易接受，也愿意积极找到解决问题的办法，并坚持到底。在这个过程中，孩子的许多美好品质，诸如，自主、自信、自律、责任心等就逐渐培养起来。

父母是孩子的成长"教练"

在孩子的青春期，父母应更多地充当孩子的成长"教练"这一角色。父母可以和孩子一起规划好他的人生，一起想一些实现目标的方法，引导孩子在成长过程中增长一些学习、生活方面的技能，学会为自己的人生做出选择，并为选择负责。

例如，一个女孩在学校里遇到了麻烦，她的朋友们抛弃了她。作为父母该如何与她沟通？要记住，你的角色是孩子的成长教练，因为你在沟通时，要站在孩子的立场，体会她的感受，耐心倾听，和她一起进行头脑风暴，想办法解决问题。

父母的心态应该是开放的，宽容的，可以不断给予孩子成长建议和反馈，提出问题，让孩子自己去学会了解自己，不断开拓自己的适应性、创造力和快速学习能力，掌握各种人生技能，学会独立思考，与不同文化背景的人相处，懂得如何规划自己的未来。

2.站在孩子的角度看问题

家长微信录

和13岁的孩子一起逛超市时，孩子自己去选择自己的衣服去了。可没一会儿，孩子就给我打电话通知我过去。原来是超市的保安说孩子有偷盗行为。我二话不说，严厉批判了孩子一顿，孩子非常委屈。最后弄清楚原委，原来是保安看错了人，超市向我们道歉了，但在这件事上，我却伤害了孩子。我经常办一些这样的事情，该怎么改变?

破解青春期孩子行为心理密码

很多父母也都犯过这种错误，并且也在继续这种错误。类似的情况很多，例如，学校里老师批评了孩子，并告诉家长，孩子在学校表现如何不好，孩子有哪些恶习，甚至有的老师会说孩子有心理问题。

在这些情况下，父母如果是站在老师的立场上来管教孩子，根本就不问孩子，直接不分青红皂白斥责孩子的错误行为。父母们会说这样一些很伤孩子自尊的话：“你太让我失望了。”“你怎么就不能消停消停，总是惹麻烦。”“你看你，再这样下去，等着退学吧。”“怎么会生出你这样的孩子？”……这些话在伤害孩子的同时，也会造成父母与孩子之间剧烈的矛盾冲突，加重孩子的叛逆心。

青春期孩子喜欢的沟通方式

当父母尊重孩子，以平等的身份站在孩子角度去思考问题时，才能真正走进孩子的心里，实现与孩子之间的良好沟通，使孩子认识到错误行为带来的后果以及错误行为的解决方法。那么，父母该如何站在孩子的角度

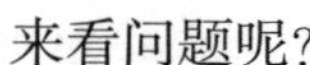

来看问题呢？

在表达感受之前，先思考“假如我是他……”

站在孩子的角度看问题，意味着父母将自己想象成孩子，在遇到事情后，不是第一时间让负面情绪随意爆发，而是先使用“假如我是他……”这种思考模式。先问自己这样一些问题：假如我是他，遇到老师这么评价，会有什么感受？假如我是他，是更愿意接受批评的方式还是鼓励式的教育方式？假如我是他，我希望父母如何和我沟通这个问题呢？

菲菲妈得知菲菲在学校与另一个女生打架的事情，她的第一反应是愤怒，沮丧。

如果按照这种情绪反应，她会质问菲菲：“为什么和同学打架，怎么就没有女生的样子？”“女生也打架，这种事情会让全校沸腾的，你知道吗？”而菲菲的反应呢？可能会委屈落泪，也可能会气愤地摔门而去，还可能直接来一场母女大战。

但菲菲的妈妈随后就开始思考：“假如我是菲菲，我是不是在这件事中有一定的委屈？”“我会希望妈妈如何谈论这件事？”“我希望妈妈的态度是怎样的？”于是，母女之间有了这样一场对话：

妈妈：我肯定你当时又尴尬又生气，毕竟老师当着全班同学的面训斥了你，而这件事全校都会知道。

菲菲：是的，妈妈。我当时恨不得有一条地缝能钻进去。

妈妈：你一定有迫不得已的苦衷。

菲菲：她总是嘲笑我的英语口音，我这次忍不住了。

妈妈：嗯，面对嘲笑确实不能一味忍受，也要反击回去。但妈妈认为你有更好的反击方式。

菲菲：我也很后悔，也知道如果不出手，用语言反击不至于引起这么大的事情，现在我在学校的处境很难，很多同学见了我，就指指点点，窃

窃私语。

妈妈：这感觉的确不舒服。换一所学校如何？

菲菲：这个问题好，但我也不知道。或许换一个环境有一个新的开始。

妈妈：确实，也许在新的学校里，你的学习会进步不少，也会交到很多新朋友。但是，到哪里都会遇到嘲弄别人的人，那时候怎么办？

菲菲：是啊，在哪里都一样，我该考虑的如何让自己强大起来，而不是逃避问题。

妈妈因为站在菲菲的角度看问题，思考行为，因此母女俩的这次谈话可谓是高效沟通。当父母站在孩子的角度看问题时，还要注意一点，不管别人怎么想，都要从孩子的立场上来采取孩子喜欢的行动，都要做对孩子最有利的事情。这样才能真正帮孩子解决问题，并从错误中逐渐得到改变完善，变得更有责任感，更有自信心，更强大。

3.用赞赏和激励代替羞辱

家长微信录

当孩子告诉我，她对我无休止的羞辱感到厌烦时，我将他狠狠地批评了一顿，说了一些难听话："还不都是为了你好，我当初要不是为了你，也不会成为今天的家庭主妇！"后来我哭了，我意识到自己是多么失败。同时，我也发现，这些年来，我的确太喜欢用讽刺和挖苦式的语言了。我需要改变，但从哪里开始呢？

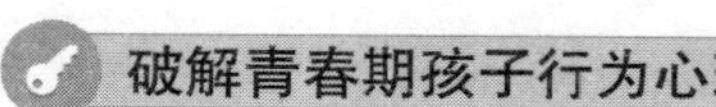

破解青春期孩子行为心理密码

有些父母经常讽刺挖苦孩子的初衷是没有错的，可能是担心孩子养成不好的行为习惯，希望孩子能在各方面不断完善自己。于是，监督孩子，不停地发现他的错误行为，不停地告诫，甚至是用讽刺挖苦的语言。诸如“吃个饭都要这么久，你难道还要在菜里找金子？”“学了三年的钢琴，一首曲子都弹不利索，你真是用心良苦啊！”“你上下打量自己，有一样拿得出手的优点吗？没有。”

讽刺挖苦表现出父母对孩子缺乏信心，这会令父母和孩子都感到失望而沮丧。在讽刺挖苦孩子的时候，父母的关注点在负面的事情上，此时，又怎能苛求孩子找到正向的力量？讽刺挖苦不但无异于孩子完善自己，相反，孩子会认为自己是无价值的，失望和放弃会成为他心境的主旋律。

青春期孩子喜欢的沟通方式

讽刺、挖苦、刺激青春期的孩子，反作用极大，会对孩子内心造成极大的伤害，亲子关系也会逐渐疏远。

身边一位已经三十多岁的妈妈，对自己妈妈当年的讽刺式教育仍然耿耿于怀。她说：“我青春期时，脸上长了很多痘痘。妈妈总是嘲讽我，她会这样说‘照什么镜子啊，又不是照镜子就能消失的。’‘你看你现在，脸上跟个青蛙似的，凹凸不平。’”

她说妈妈的这种讽刺挖苦，使她的青春期关于形象的阴影面积迅速扩大，她甚至从不和异性说话，因为她真正是个“丑小鸭”。她整个青春期甚至都不怎么和妈妈沟通，直到现在，她和妈妈之间仍然是有些隔阂的。

讽刺挖苦对于孩子来说，无异于精神虐待。心理学家玛丽 · 弗朗斯 ·

伊里戈扬在其著作《冷暴力》一书中，曾提到精神虐待发展到最后的阶段的表现就是：施虐者的恨意会表面化，受虐者被逼得走投无路。长期被讽刺挖苦的孩子，就等于一直在承受父母的冷暴力，孩子会丧失价值感，变得自卑或自暴自弃，成为有心理问题的孩子。何不用赞扬和激励来代替羞辱呢？

尊重孩子，对孩子的错误进行直接描述

如果有同事讽刺你“公司里那么重要的资料都能搞丢，你的责任心可真强！”“你这个月迟到五次了，下个月可能都不用来了！”“公司人事是怎么招聘的，竟然有你这样的人。”这些话百分百会让你觉得怒火中烧，甚至接下去会和对方大吵一次。当你讽刺并挖苦孩子的时候，孩子会有怎样的感受呢？

讽刺和挖苦只能带来更严重的对抗与挑战，而如果是孩子犯了错误，父母所要做的第一步就是，以尊重的态度直接描述错误，告诉孩子自己的感受和希望。

例如：桃子7点钟起床的时候很困难。以前妈妈经常说：“你这个懒猫，赶紧的，要迟到了。”而现在，妈妈却会说：“桃子，我需要你的帮助。”

你需要维护孩子的自尊，尊重孩子的付出，赏识孩子的每一次进步，用赞赏和激励的方法代替负面的威胁、挖苦和讽刺。

将事件当作学习的机会

青春期的孩子由于缺乏一定的经验、阅历，他们的思维方式也并不成熟，因此，犯错误是难以避免的。更多情况下，孩子也会因为犯了错而心怀内疚。如果父母再去斥责或讽刺孩子，很容易给孩子带来情感上难以弥补的伤害。但是，如果此时父母仍然会给予孩子恰当的称赞或激励，哪怕是一些善意的谎言，孩子就能从错误中得到学习的机会。

在一次家庭教育研讨会上，一位40岁的某企业董事长谈起了自己十几岁的事情：有一次，我忘了带钥匙，就去妈妈的单位拿钥匙。有几位阿姨，看上去和妈妈岁数差不多。她们不停地问“成绩怎么样？”“每次考试多少分”“能拿到前五名吗？”……我心里很难受，因为我学习成绩很一般。我想拿上钥匙就跑。但妈妈并没有容许我撒腿就跑，而是让我听听她和那几位阿姨的聊天。

妈妈骄傲地说：“我儿子成绩还不错，每次都在班里前十名，这次是前五名。我儿子学习很刻苦，甚至学起来废寝忘食，每次都要我提醒他别学了才好。”然后，妈妈给了儿子一个鼓励的微笑。

我脸红了，在回家的路上，我问妈妈：“我明明学习很一般，您为什么要那么说呢？是不是为了你的小虚荣心？”妈妈说：“不是啊，你在我看来，一直就是学习蛮踏实的。一两次没考好并不能代表什么，只要努力了，总是会考好的。”我感到很内疚，自此之后，我真的像妈妈说的那样废寝忘食地学习，我的成绩也很快提高了。

4.观察→确认→记录→行为归类

家长微信录

孩子的行为有时候真的无法使人认同，总是会有意无意激怒我。他早晨从来不叠被子，房间总是乱糟糟的，他脾气暴躁，动不动就翻个白眼；他还经常说脏话，大喊大叫的。我每次总是会忍不住纠正他的行为问题，可他总说我小题大做，思想陈旧。我是否需要改变我的教养方式？

破解青春期孩子行为心理密码

青少年的一些行为问题，有些的确是需要父母来引导，有些则并非需要父母的参与。当父母经常关注孩子的行为问题，并时不时对其进行说服时，孩子也会抓住父母的弱点，并清楚地知道如何触动父母的反应，如何挑战父母的权威。虽然他们有时候看上去过于叛逆，不服管教，但其实他们不想事事都要受到父母的监督与纠正，他们想与父母保持一定的距离。

这很正常，父母需要对其行为问题进行分类，明确哪些是可以完全忽略的行为问题；哪些是需要指出并引导的行为问题；哪些又是需要激励的行为问题。通过对不同行为的区别式教养，帮孩子发展自我管理能力，让孩子逐渐成长为自律、独立、有责任心、有同理心的高情商孩子。

青春期孩子喜欢的沟通方式

如果父母能够对青春期孩子的行为问题进行恰当归类，父母就能及时调整自己的教养方式，和孩子一起解决一些棘手的行为问题。澳大利亚心理学家迈克尔·霍顿认为，对青春期孩子的行为归类可分为四个步骤：

第一步：观察不同的行为。

第二步：确认行为，但不要做出主观解释。

第三步：记录他们在做的事情。

第四步：将他们在做的事情进行归类。

我们举例来说，有一个孩子总是喜欢穿黑色的衣服，他睡得很迟，早晨上学时经常迟到。每次妈妈和他探讨这个问题的时候，他都会翻白眼。偶尔，在他心情很差的情况下，他甚至要冲妈妈大吼几声。当然，他还是个懒虫，房间里乱七八糟的。但他也有优点，看书专注，记忆力非常好，读一遍的古诗就能牢牢记住。

我们来对其行为进行分类时，遵从前三个步骤，先观察，确认孩子的行为，记录下他所有的行为，如穿黑衣服，晚睡，迟到，翻白眼，大吼，不收拾房间，专注。在这里，我们只记录行为，不掺加任何主观成分，不给他贴上"懒虫""坏孩子""没礼貌的孩子"的标签。在第四步中，我们开始对其行为进行归类。事实上，大多数孩子的行为问题都可大致分为三类：不严重且可忽略的行为；严重且不被接受的行为；值得激励的行为。我们详细来说。

不严重且可忽略的行为

青春期孩子出现的一些行为问题，并不总是让人反感的。有些行为问题不严重，可有可无，甚至可以忽略。如果你对这样一些行为给予较少的关注，你会发现你和孩子之间会更好相处。例如，孩子选择什么样的衣服，孩子有什么样的爱好，孩子偏爱的聊天方式等。上文中这个男孩喜欢穿黑色衣服，房间乱，翻白眼等问题，就属于这类事件。这位妈妈可以忽略这些行为，由孩子自己决定。在这个过程中，一方面孩子自身的问题会得到自然的改善，另一方面，妈妈对此类事件回应的减少反而会增进与孩子之间的关系。

严重且不被接受的行为

这类行为涉及一些价值观、底线等层面的东西，会给家庭、学校、孩子自身等造成一定的不良影响，或者会增加不安全事件的发生概率。这样的行为是需要及时介入干预的。如说脏话，粗鲁，大喊大叫，情绪失控，欺凌伤害他人，有自残行为等。在这里，这个男孩晚睡、大吼、迟到等属于此类问题，妈妈可以同他聊一聊，一起探索解决问题的方法。关于这些解决方法，我们在接下去的章节中会给出很多。

值得激励的行为

这些行为是父母希望孩子能够坚持下去的行为，是值得激励的行为。如孩子主动帮父母做家务，孩子主动完成家庭作业，孩子严格限制自己玩游戏时间等。这些值得鼓励的行为多与青春期孩子“我希望能贡献点什么”“我渴望归属感”“我希望我能变得更好”等积极的信念息息相关。我们所说的这位男孩读书专注就属于此类行为，妈妈如果能对此类行为进行正确的称赞与激励，就会对孩子产生积极的影响。

5.建立“家庭护栏”

家长微信录

尽管我屡次向孩子强调礼仪与礼貌，但他却缺乏必要的礼貌修养。见到长辈常常不打招呼；在一些正式场合，还能说出脏话；将手机带上饭桌，一边吃一边看朋友圈；更难以忍受的是，他经常将家里的一些私事放进朋友圈。这些类似的行为令我难以忍受，我也开始发现，严厉的管教不但无助于他纠正行为，反而使他趋于对抗。如何办才好?

破解青春期孩子行为心理密码

当父母看到孩子的一些不当行为就开始大张旗鼓地进行指导时，孩子会觉得父母在指手画脚，他根本不愿意认同父母对这种不当行为以及其引发的后果的沟通方式。不加选择地为青春期的孩子制订行为规则，则更容易激怒他的情绪，使他们走向对抗。

澳大利亚心理学家迈克尔·霍顿认为，父母可以为孩子设置一定的

"家庭护栏"。父母需要分清楚，孩子的哪些不当行为是不能商量的，是不能逾越的"护栏"，而哪些行为又是可以任由他们自己决定的。

青春期孩子喜欢的沟通方式

不得不承认，孩子们某些时候的确存在行为问题：他们可能会花费大量的时间在微信或Facebook社交媒体上；他们可能会在同学家待到很晚才回家；他们可能用来网购的时间要比用来业余学习的时间多得多；他们可能因为价值观不同，看上去缺乏一定的修养……

虽然青春期的孩子的兴趣、价值观等的确与家庭的价值观有所不同，但这并不意味着他们可以擅用他们自以为是的行为或观点。当孩子的不当行为在家里发挥负面作用并影响到家庭以及他个人的身心发展时，我们就有必要利用"家庭护栏"来使孩子的行为做出一些正面的改变。

对不当行为以及得当行为进行描述

心理学普遍认为，青少年尚未开发出一种足以区分哪些事情重要，哪些事情不重要的直觉能力。因此，对于青春期孩子的行为，父母有必要通过描述的方式，让孩子明白哪些行为是不当行为，哪些是得当的行为。例如，对于一位行为上看似缺乏教养的孩子，父母可以这样对他描述不当行为，先描述具体不当行为事件，再描述事件所带来的感受，或者事件所产生的影响：

"大家一起聚餐时，你一直低头看手机，在大家看来，你冷漠且没有礼貌。"

"你在朋友圈发布了家里的一些私事，这种暴露家庭隐私的行为是家庭成员所不能容忍的。"

"你外出和同学聚会时，不告诉我们你在哪里，也不告诉我们你回家的时间，这让我们很担心。"

“我们忙着做家务，你却袖手旁观，这种行为让我们觉得不舒服。”

当然，对于孩子的得当行为，父母也要对其进行描述，以起到激励的效果。例如：

“与客人说话的时候，微笑并且眼睛注视对方，我们认为你很有礼貌。”

“别人帮你做了一些事情，你及时进行感谢，这就很好。”

“你能在周末的早晨为全家人做早餐，还洗碗，我们感到很欣慰。”

你可以经常以“描述＋感受/定义”的方式来描述孩子那些不当的行为与得当的行为，逐渐增强孩子辨别行为的直觉力。

以家庭价值观做护栏

父母需要去思考整个家庭对孩子的重要的或基本的期望，去洞察父母真正期望孩子的表现模式，然后将其内化为深层的家庭价值观，起到家庭护栏的作用。这有助于父母以和善而坚定的态度来对孩子实施该有的约束，也有助于父母在管教孩子的时候获得孩子的理解与尊重。在这种交流方式中，父母可以先陈述自己的期望以及家庭价值观，然后再描述孩子的行为、影响、感受等。可以这样说：

“孩子，我们作为一个家庭，希望有我们共同度过的时间。你把过多的在家里的时间献给了微信朋友圈，这意味着你和我们一起交流的时间太少了。我们希望你每天在家玩手机的时间不要超过半小时。”

“作为家庭成员，我们都要为这个家做些力所能及的事情，贡献一些力量。孩子，当我们在做家务时，希望你不要袖手旁观。如果你能加入我们的队伍，大家一起将这个家收拾得更干净就好了。”

“我们作为家庭成员，有权得到足够的尊重。你在朋友圈发布了家里的一些私事，关于你妹妹谈恋爱被甩的事情，你暴露了她的隐私，既是对她的不尊重，也是对我们的不尊重。”

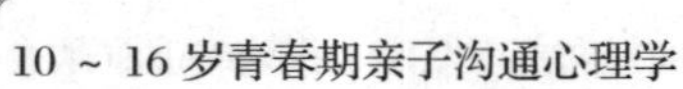

6.帮十几岁的孩子塑造良好的自我形象

家长微信录

女儿比任何时候都敏感，尤其是对于自我形象。她很在意脸上悄悄冒出来的小痘痘，她寻找一些增高的方法，她也不好好吃饭了，是因为想减肥。女儿性格上也发生了很大变化，她希望无论是学习还是生活，在各个方面都很优秀，成为万人迷。我告诉她这是不可能的。

破解青春期孩子行为心理密码

为什么要告诉女儿是不可能的呢？这对孩子来说是很受打击的一句话。我们有责任帮十几岁的孩子塑造良好的自我形象。对于每一个青春期的孩子来说，寻找自己的身份认同，渴望遇见一个更好的自己，这是他们此阶段的任务。他们对于自己想要成为什么样的人已经有了一定的意识。当然，他们也很了解自己讨厌成为什么样的人。

在青春期，他们面临身体的快速发育，心理的冲动，与人交往的压力等，他们的处境是尴尬的，媒体时常强调粉刺会毁灭形象，强调牙齿需要矫正，强调身高、体重所带来的影响。这使得他们也会在寻找自我身份认同，渴望塑造自我形象的路途中，感觉自己是有缺陷的，感觉自卑而焦虑。因此，我们有必要帮他们塑造良好的自我形象，使他们更为自信，顺利度过青春期。

青春期孩子喜欢的沟通方式

在与孩子沟通的过程中，很多父母其实非但没有帮孩子塑造良好的自我形象，相反，他们会说出一些话来伤害孩子，如提醒孩子注意自己的缺

点，随意揭短，动不动就给孩子贴上一些标签，甚至像预言家一样来判断孩子以后会成为一个什么样的人。请从现在开始，将这些负面沟通模式从你的头脑中删除。

不要经常提醒孩子的小缺陷

有的父母美其名曰为了帮助孩子变成更好的自己，却在语言上中伤了孩子。例如，有些父母经常提醒孩子的一些小缺陷，他们认为，如果是为了孩子好，应该提醒孩子注意他们的缺点，这种行为最终会扼杀孩子与父母之间的沟通。父母可以想一想，如果你是一个十几岁的孩子，当你的父母不断指出你的缺点，就像剧场的镁光灯一样聚焦你的缺点，你的心里会是什么感受?

有一位妈妈就是如此。她女儿现在是高中一年级。她希望女儿看上去像一个优雅的公主，因此，她总是提醒女儿“你要注意吃饭的动作，别总是出声音，那样很不雅观。”“注意了，不要总是低头走路，抬头挺胸！”“说了多少遍了，怎么又说脏话了，没素质。”

女儿每天面对的都是妈妈对她的缺点赤裸裸的提醒与批判。她每天都希望快点长大离开妈妈，她哪里想改变啊。

每个孩子都是不完美的，包括父母自己。父母如果想让孩子变得更好，就停止这种唠叨与提醒，而是真诚和孩子一起面对问题行为，一起想办法来解决，最终帮孩子成为更好的自己。

不要随意给孩子贴标签

有的父母会犯这样的错误，他们认为在孩子面前随意揭伤疤，贴标签都是无所谓的，不会挫伤孩子的自尊心，反而能使孩子脸皮厚一点，心理承受力更强。

于是，他们会在与孩子对话过程中，给孩子贴上一些这样那样的负面标签：胖子、胆小鬼、懦夫、性格不好、品行差、倔驴等。还有的父母甚至会当着孩子的面，与客人聊天时说“这孩子天生就很敏感、悲观，他性格不好”“她是个坏脾气的孩子”“她每天就知道做白日梦，她可不是一个讨人喜欢的孩子”等。

这些随意给孩子贴上的标签，很显然根本就不尊重孩子。没有尊重，何来沟通？

你不是预言家，孩子的未来不是用来预测的

一些父母总是担心孩子未来不够好，为了帮孩子塑造良好的自我形象，让孩子有一个好性格，他们会采取一种极端的方法——预测未来。“你知不知道，你现在不好好学习，将来只能去扫大街！”“你这么懒怎么办，将来没有人愿意雇用你的，你只能在家啃老！”“你再不改变你这性格，你就没有朋友，以后只能孤独终老。”……

有一对来咨询的母子，这位妈妈在咨询过程中，一直强调自己的孩子未来堪忧。诸如：“他看上了班花，可是，天知道，即便恋爱了，这个班花也会抛弃他。要知道，他需要改变完善的地方可多着呢！”“他要是这样下去可不行，在未来的智能机器人时代，工作会很难找，不学习的话，只能坐吃等死。”

父母的初衷是想用“激将法”来激励孩子变得更好，实际上呢？当父母将孩子的未来预言得这么差时，孩子改变的动力又降低了一成。父母不是预言家，父母所能做的就是帮孩子处理好现在的事情，如朋友的背叛，老师的错待，学习上遇到的问题等。你要做的是，传达你对孩子无条件的爱与支持，和孩子一起致力于解决问题本身，鼓励孩子从一次次解决问题中完成一次次成长的蜕变。

7.找到和十几岁孩子的“时光交汇点”

家长微信录

忙碌的工作与管教孩子这两者之间似乎难以平衡，我感觉已经力不从心。从儿子进入青春期以来，我曾尝试控制他玩游戏的时间，严令禁止吸烟和喝酒的行为。在违反规定的情况下，我会没收他的手机，不停地说教。可一切又如何呢？儿子变得更糟糕。我正在打算改变，却不知道从何做起。

破解青春期孩子行为心理密码

这位妈妈在忙碌的工作和管教孩子之间，可能选择了工作优先。当然，青春期的孩子与父母在一起的时间相比儿童时期要少很多。你需要安排一些“共同时光”来与孩子进行感情联结，增加彼此沟通交流的机会。

有些父母可能会说“共同时光”并不少，只要一下班或者过周末，几乎总能和孩子在一起。这里所说的“共同时光”并非如此，而是指父母与孩子达成约定，安排好的一段时间，就像是要进行一次很重要的仪式一样。这段时间专属于父母和孩子，你们可以充分利用这段时间来敞开心扉进行沟通。“共同时光”并不是一时兴起，偶尔安排的，而应成为家庭的一种惯例。当然，还有一些阻碍共同时光的因素需要注意：不停的说教，忙碌的日程，惩罚或批评，彼此在共同时光各忙各的事情等。

青春期孩子喜欢的沟通方式

父母可以在每天、每周或每个月的固定时间段里，与孩子一起设置亲子间的“共同时光”，共同时光不一定是一天的时间，也可能是半天，一小时，半小时，甚至几分钟。“共同时光”能有效帮父母走进孩子的内心世界，体会孩子的感受，真正理解孩子。那么，在“共同时光”里，可以如何安排呢？“共同时光”里又需要注意些什么呢？

“共同时光”中可以一起做的事情

在这样的时光里，父母和孩子可以一起做的事情很多。例如：一次长途或短途旅行，一起散步，家庭会议，一起去逛街，去听音乐会，共同为家庭做饭，一起去喜欢的餐厅就餐，一起做手工，一起去购物，一起玩游戏，一起看电影，翻看小时候的相片，也可以一起聊天，讲一讲各自生活中发生的事情，有趣的没趣的都可以。总之，可以一起做的事情很多。

在咨询中，一个男孩子讲述了他与爸爸的一次“共同时光”：

我们并没有去看电影或参加球赛，太俗了，上小学时已经无数个周末都是这么度过的。我们的一次“共同时光”是这样度过的，晚上七点多，我们在庭院的树上挂满了灯笼，每个人轮流唱自己喜欢的歌，五音不全的那位要接受大家善意的惩罚——为家人做一个月早餐。我觉得很满意，我希望我们每一次“共同时光”都能做一些我们彼此都感兴趣的事情。

“共同时光”需要注意的问题

在“共同时光”里，如果妈妈照样唠叨，爸爸照样会发脾气，那么，很显然，这样的“共同时光”是低质量的，甚至是无意义的。在咨询过程中，经常听到一些父母对“共同时光”的抱怨。有位妈妈讲了她与女儿关于“共同时光”的事情：

我工作很忙，但为了消除与女儿之间的隔阂，我愿意拿出更多时间来陪孩子而不是用于工作。但结果呢？我和女儿一起去逛街，我们会为了一件衣服是否搭配吵起来，我觉得她眼光太前卫，她认为我没有时尚感；我们一起去散步，听她说起学校的事情，我就担心她跟着同桌学坏了，我表达出我的焦虑，于是我们再没有聊天；我们一起去共同喜欢的餐厅，本

来吃得蛮高兴，可我提到她的学习时，这场饭局吃得就味同嚼蜡了……这样的事情太多了，直到我们决定结束“共同时光”，于是，一切又回到了原点。

那么，什么样的“共同时光”才会为孩子带来积极的改变，使得父母与孩子之间能够互相敞开心扉，真诚以待呢？共同时光里需要注意这样一些问题：相互尊重，认同孩子的感受；允许孩子出错；多去倾听，但要心平气和、不带批判地去倾听；多制造点幽默、快乐的氛围；对孩子充满信任、爱与理解。

8.共进晚餐时的畅所欲言

家长微信录

孩子高三了，我和他爸的心也都提到了嗓子眼里。不敢提有关学习的事情，生怕给他压力；不敢在家里办聚会，生怕打扰他的学习；不敢谈论别人家的孩子，生怕他会认为我们拿别人的孩子和他比较；不敢大声和他说话，生怕影响到他的情绪。这种紧张、压抑的气氛使每个人都很痛苦，我们该如何迅速缓解呢？

破解青春期孩子行为心理密码

高中的孩子面临高考的压力，家应该是一个能够使他彻底放松的地方。如果家中的每一个人因为孩子快要高考了就提心吊胆，事事都要顺着孩子，事事都要制订出规矩来，那么，家里的这种紧张氛围会让孩子觉得无比压抑，反而给孩子增加不必要的压力。

父母应该做的是，在家中营造出一种轻松、快乐的生活与沟通氛围。使学习了一天的孩子在身心方面得到彻底的放松，能够将学校里发生的事，快乐的，不快乐的，统统说给父母听。父母在和孩子交流沟通的过程中，了解孩子目前的心理状态，学习状态，并和孩子一起致力于解决目前所面临的问题。

青春期孩子喜欢的沟通方式

有些人家的晚餐是静悄悄的，只听到咀嚼食物的细微声，这个家庭的孩子，他们内向敏感，他们很少和爸爸妈妈沟通，甚至爸爸妈妈根本就不了解他；有些人家的晚餐是清冷的，餐桌上即便有一桌子菜，可总是一个孩子，一两个老人，爸爸妈妈永远忙着应酬，哪有时间和孩子一起吃晚餐？这个家庭的孩子，他的内心世界是冷漠的；有些人家的晚餐是寂寞的，电视的声音永远压过孩子的声音，这个家庭的孩子，他们与电视有话说，与父母，则是无话可说。还有些人家的晚餐是快乐的，一家人和和美美聚在一起，孩子说着学校的事情，最近的奇遇，爸爸妈妈侧耳倾听，偶尔催促孩子快快吃饭，这个家庭的孩子，他的内心是快乐的，是丰富的。事实上，每天半小时以上的晚餐时间，是一段优质的亲子沟通时间。在吃饭中间，在大家嘴里闲下来的时候，彼此可以聊聊天。

晚餐畅谈时的态度与氛围

吃晚餐的时候，全家人围坐桌旁，把电视声音关小或者干脆关掉，将灯光调整为温暖的黄色。餐桌上的谈话，最好是每个家庭成员都能参与进来，而不是让青春期的孩子演独角戏。在谈话的时候，父母要注意自己的态度，掌握好分寸，最好别使谈话落入批评。这样的事例太多了。

妈妈做了孩子最喜欢吃的菜，孩子累了一天，回家吃到自己喜欢的食物，心里放松又舒坦。孩子自然而然和妈妈讲起来当天学校里的事情，孩

子说："英语好难啊，高考取消英语再好不过。"妈妈一听这话，立马就是一场说教："不能这样想，英语没那么难。你觉得难是因为你在英语方面不用心……"本来就面临繁重学习压力的孩子，此时感觉烦透了。吃了一些就说自己已经饱了，径自回卧室写作业去了。

当你从十几岁孩子的谈话中，听出他的做法错误，听出他不爱学习，你不能紧接着就开始一场说教。你要站在他的立场，感同身受，适当的时候，你也可以讲讲自己类似的经历，然后自己又是如何做的。你的态度是和蔼的，是正面的，是肯定的，只有这种情况下，孩子才能打开心扉。

晚餐畅谈时的话题

至于晚餐桌上的话题，那可谈的就多了，谈谈十几岁孩子在学校里的一些事情，谈谈报纸、书籍、电视、电影、音乐、风尚及街坊邻里的一些事情，或者搬来一些笑话、漫画、谜语，来全家人一起分享。

有位爸爸，自打孩子进入高中后，他就定下一个惯例：但凡没有万分紧急的要事，一定要在家里和孩子一起吃顿晚餐。当然，他并不单纯是为了一起吃饭，主要是为了和孩子交流沟通。他认为，只有晚餐时间，才是大家一天中最放松的时间，也是孩子主动和父母交流机会最多的时间。

在他家的晚餐桌上，孩子会主动聊学习上遇到的困难，模拟考试中的事情，社会新闻，天文地理等。爸爸会和孩子一起讨论，各抒已见，像大朋友一样积极帮助孩子解决问题。半年多以来，孩子和爸爸比从前关系更和谐了，即将高考的孩子也从与爸爸的交流中，学到了很多东西，无论是学习的知识量还是心理的正能量，孩子都是处于满格状态。

9.教养方式需要刻意练习

家长微信录

我也知道我与孩子之间的沟通方式存在一定问题。我决定改变自己的沟通方式，不再用批评、说教的方式来对待孩子。但改变又谈何容易？更多的情况下，做好了亲切和蔼，多听少说的准备，但一听到孩子说的那些事情就忍不住来气，又开始说教了。

破解青春期孩子行为心理密码

当父母已经形成批评、说教式教养习惯时，即便下定决心改变，但有时候还是会不自觉滑向基于过去的恐惧所形成的旧的教养习惯中。父母要明白，改变是需要时间的，同时，也需要不断地练习，练习，再练习。

教养方式就像任何可能要学的技能一样，没有人天生就会做父母，只有后天的不断用心刻意练习，才会成为一个合格的甚至是卓越的父母。加拿大作者马尔科姆 · 格拉德威尔在著作《异类》中指出：“人们眼中的天才之所以卓越非凡，并非天资超人一等，而是付出了持续不断的努力。一万小时的锤炼是任何人从平凡变成超凡的必要条件。”由此，他提出了风靡全世界的理念——“一万小时定律”。父母的教养方式的改变并非一朝一夕的事情，至少做好刻意练习一万小时的准备。

青春期孩子喜欢的沟通方式

在父母决定改变自己的教养方式，并且决定要不断练习，以巩固形成新的教养习惯时，请注意要避免一些错误的思想，开启正确的教养方式练习方法。

刻意练习前需要避免的错误思想

很多父母都意识到自己与孩子沟通的方式是负面的，但他们通常将导致这种教养方式的原因归结为：工作太忙了；因压力大而缺少耐心；性格问题等。当他们决定改变的时候，往往会采取极端的措施，比如放弃工作与梦想，专门研究各种教育方法，在这方面下了很大的功夫，直到孩子安然度过青春期。

来咨询的家长中，不乏家庭主妇，她们在这个家的重大任务之一就是教育孩子。这些妈妈难道一开始就想过这样的生活吗？当然不是，她们大多是为了孩子放弃了自己的工作，甚至梦想，她们看遍了各类科学育儿的方法。结果呢？她们的孩子自我中心意识非常强烈。即便这些妈妈的教育方式已经改变了，但改变给孩子带来的效果却微乎其微。

还有的父母会认为改变教养方式只要每次照本宣科重复操作就行了，有时候他们也会认为只要努力就一定行。事实上，他们终究会郁闷地发现，并不是所有事情努力了就一定行。

刻意练习教养方式的方法

心理学家认为，人的知识和技能可分为三大层层嵌套的圆形区域，最里面一层是“舒适区”，是我们已经掌握的各种知识和技能；最外面一层是“恐慌区”，是我们暂时无法学会的知识或技能；中间一层是“学习区”，它介于第一层和第三层中间。心理学家安德斯·艾利克森与科学家罗伯特·普尔在其著作《刻意练习》中，通过对大量杰出人物的研究提出，想要成为某一领域的顶尖高手，关键在于“刻意”地在学习区不断练习。刻意练习是有目的的练习，应在练习之前制订明确的目标与计划，练习的时候要持续专注，适时进行反馈。

明瑞的妈妈改变了很多。她以前是一个喜欢讽刺挖苦孩子的妈妈。当她意识到自己的问题后，她决定作出改变。她经常会回忆起一些自己挖苦孩子的情景，她将这些情景记在日记里。她根据记录下来的情景，进行角色置换，将孩子的感受写下来。她也将自己作为父母在这种情景下基于爱与尊重的管教方式经想象后写下来。当她再次面对孩子，想要讽刺孩子时，她那想象后的管教沟通方式就派上用场了。她始终站在孩子的角度，来修正自己的语言、语气与态度。

广大家长朋友们也可以借鉴她的方法，在纠正自己的教养方式时，多进行反思，从反思中找到需要刻意练习的节点。当与孩子进行沟通时，要尊重孩子，站在孩子的角度，多倾听，以鼓励与支持来替换之前负面的教养方式。

第四章

对话：如何说，青春期的孩子喜欢听

孩子进入青春期后，父母们普遍感觉就是：以前有说有笑的孩子突然很少和自己交流了；孩子可以和同龄人有说不完的话，却不愿意和自己分享秘密；孩子不再喜欢撒娇，也不再轻易请求帮忙；自己对孩子的教诲、建议变得不那么重要，孩子甚至对此感到厌烦。

是什么阻碍了亲子之间的沟通？对话方式是其中重要的影响因素。父母的对话方式也要与时俱进，跟上孩子成长的脚步。请从现在开始，学会适时闭上唠叨的嘴巴，带着好奇心倾听孩子的心声；心平气和地使用保持理智的剧本对话法与孩子沟通；对孩子的问题进行积极主动，不带批评地回应；偶尔用积极的暂停来调和双方沟通的不和谐……

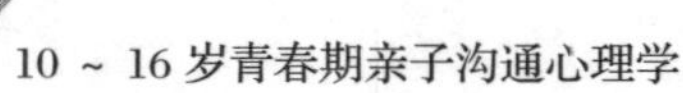

1.带着好奇心去倾听

家长微信录

当我同女儿聊天的时候，通常会发现她根本就没有听我说话，更不会直视我。大多数情况下，她会一直盯着手机里的朋友圈，或者是看电视，有时候她甚至会翻白眼，表现出一副很不屑的表情。她的“忽视”让我不自在。在有些时候，我会反复提醒她注意一些事情，但就是说一百遍，她照样充耳不闻。

破解青春期孩子行为心理密码

当父母抱怨青春期的孩子不听自己说话时，父母有没有想过，自己是否倾听了孩子，并且让他们知道什么才是正确的倾听模式？

现实中，很多父母本身并不懂得倾听的正确模式。当孩子试图给父母讲自己的事情时，一些父母随意打断孩子说话，试图劝说孩子相信他们没有那样的感受或想法；还有的父母会极力辩解，将谈话演化为一场争辩赛，看谁能说会道；也有些父母会在不明真相的情况下，非但不鼓励孩子说下去，而且还要终止孩子的谈话，要给孩子上一堂价值观的课；更有甚者，直接拿孩子说的事情来羞辱、嘲笑、批评、惩罚孩子。

以至于青春期的孩子为父母说话方式提出了种种要求：不要像唐僧一样唠唠叨叨；说话简短点就好了；能不能别以高人一等的口气说话；一说话就来气，还有得聊吗；能不能别总是打断我说话……

青春期孩子喜欢的沟通方式

倾听是沟通的首要因素。在与青春期孩子沟通的过程中，父母要有足够的耐心，扮演倾听者角色，引导孩子多说。倾听貌似简单，其实并不简单。因为在倾听的过程中，有太多的阻碍因素。在倾听的过程中，大人们为了维护自己的立场，不断进行解释、批评、纠正或反击。事实上，倾听需要一些技巧。

20∶80法则在倾听中的运用

20∶80法则是意大利著名学者帕累托提出的，在任何特定群体中，重要的因素通常只占20%，而其余80%是次要因素。因此，掌握20%的重点，就能操纵局面。

在与孩子沟通中，这个原则同样奏效。也就说，用80%的时间倾听，20%的时间说话，是最好的时间分配方案。这样父母能从孩子的言谈中了解到孩子真实的想法与处境，能够冷静分析孩子的谈话内容，抓住关键之处。

倾听中共情式积极有效的回应

在倾听孩子时，不要只是简单地发出“嗯”“是”这样的声音，而是要安静下来，多注视孩子，时机合适时，通过有意义的语言和肢体动作来回应孩子，这样才能达到一个比较好的互动沟通效果。

我对一位从不会倾听孩子的妈妈的建议是，当孩子说话的时候，请安静下来，营造出一种理想的谈话氛围，多用微笑、点头、目光等鼓励语对孩子进行回应，使孩子心情愉快，愿意谈下去。也可以不时地重复孩子话中的关键词，这样孩子就会觉得他是在认真听。在孩子停顿下来时，也可以用简单的话语来对孩子的聊天内容表现出感同身受。这位妈妈照做后，发现孩子更愿意和她沟通了。

带着好奇心去倾听

在倾听孩子的时候，可以带着好奇心，进行一些提问，多问一些能让孩子说出更多信息的问题，诸如“当时你是什么感受？”“它对你来说为什么很重要？”“我经常是那样的吗？”“还有其他的吗？”

有一次，教育学家阿黛尔和女儿一起去拜访一个朋友。阿黛尔向这位朋友提出让自己的女儿暂时照看朋友的孩子，但是她忘了提前征求女儿的意见。这使得女儿非常不高兴，回去路上一直都不想理她。

阿黛尔意识到自己犯了一个错误，她决定和女儿谈一谈。她和女儿坐得很近，抚摸了一下女儿的头发。她说：“有时候我们会不被理解，感觉很难受。”女儿流泪了。阿黛尔说：“对不起，我犯了一个错误，没有提前征得你的同意，就自作主张让你照看小孩。”

“不仅如此。”女儿说。阿黛尔为了让女儿说更多，她带着好奇心提问：“还有什么？”女儿说这件事让她觉得尴尬，没办法拒绝别人。阿黛尔又问：“还有其他的吗？”女儿讲到自己因为照看孩子而耽误家庭作业的进程。当女儿说完之后，阿黛尔仍旧问：“还有其他的吗？”女儿继续说，她说出了真相，原来她并不想照看小孩，因为那个小孩一点都不听话，总是哭闹。阿黛尔表现出感同身受，而此时女儿已经不生气了。

需要提醒的是，作为一个倾听者，在倾听的过程中，父母需要注意克服这样一些倾听障碍：试图劝说孩子，相信他们没有那样的感受或想法；当自己的观点与孩子的观点冲突时，忍不住来一场辩论赛；随意介入孩子面临的问题中，试图解救孩子；经常会打断孩子的话题随时准备开始一场“思想品德课”；总是以高人一等的语气来和孩子聊天；一边听，一边拿孩子的朋友或兄弟姐妹等人来做比较；倾听变成了一场打探或盘问等。

2.让你能保持理智的剧本对话法

家长微信录

最近俊凯的脾气特别大，他很容易发火。老师说俊凯上课总是睡觉，作业完成情况也差强人意。好几次，我都发现，在熄灯后，他还同一些朋友发送语音。当然，他有时候熬夜是为了写作业或者玩游戏。我不止一次同他谈论关于不能熬夜的问题，但他每次都会有很大的火气。

破解青春期孩子行为心理密码

上面这种情况存在一定的普遍性。青春期的孩子们在自己的一些行为受到父母的责备时，通常觉得父母过于严厉，自己受到了惩罚。他们很难接受，认为自己受到不公平对待。他们为此充满愤怒、沮丧的情绪。因此，他们也会对父母做出一些过激的回应。

父母需要明白孩子行为问题的关键所在。例如，表面上看来，你的孩子因为熬夜造成了白天课堂睡觉的状况，而实际上，这背后的原因可能是缺乏沟通（他答应过你早点睡觉，但后来就不在坚持了）；也可能是失去信心（他对学习没有信心，才会以熬夜的形式在其他方面投诸兴趣）；还可能是为了找到一些私人空间（平时家里环境嘈杂，没有独处的时候，而夜里安静，可以做些自己想做的事情）。

当然，也不排除其他一些原因。

为此，可以使用澳大利亚心理学家迈克尔·霍顿提出的剧本对话法来同孩子交谈。这有助于父母在与孩子交谈过程中保持理智，使双方沟通更为有效。

青春期孩子喜欢的沟通方式

迈克尔·霍顿建议父母们在解决青春期孩子的行为问题以及冲突时，可以使用剧本对话法来进行对话。这一种方法没必要经常使用，但在遇到难以解决的行为问题或亲子之间出现冲突的时候，是比较适用的。剧本对话法具体来说，包括这样五个步骤：

1.准备

计划好这场对话的主题、目标、内容。父母可以事先在纸上写下一个控制在15分钟至半小时之内的谈话，写下自己想要说的内容。这让父母清楚自己的底线，什么是能够商量的，以及如果不能解决问题时会发生什么，如何处理等。

比如，你与孩子对话的主题为熬夜问题，目标是使孩子养成早睡的习惯，并摆脱电子设备的干扰。在对话内容安排上，你可以按照你与孩子平时的对话习惯，想象出几种不同的对话模式，详细记录下来。

2.安排对话

安排好对话的时间、地点，设计好对话氛围。这一步有助于父母和孩子做好心理准备，在一种融洽的氛围里，有充足的时间来交流。在时间的安排上，父母需要找到孩子状态比较好的时间段来作为理想的交谈时间段。

3.陈述事实

通过积极的话语，肯定孩子，说出问题所在以及父母所想要的改变。你们需要一个好的开场白，最好是以积极的态度开始，先说说孩子的优点，或者也可以说说你们就某件事而言，是站在同一立场上。例如：

肯定孩子的优点：

“我听老师说，最近你的数学函数三角这一部分，逻辑性强，解题思路快。”

“我们发现，你已经不在说脏话了，更多的时候能够做到彬彬有礼。”

说出问题所在：

“如果可以的话，我想和你聊聊最近老师所说的一个问题。关于这点，我和你爸爸也都注意到了……”

说出你想要的改变：

“鉴于此，我们想看到你在未来的变化：第一点……第二点……第三点……”

4.解决难题

承认孩子的情绪感受。当面对一个叛逆的少年时，父母应该会预料到他的自我保护和防御，他会通过打断对话、干扰对话等一系列方式来试图激怒父母。父母需要懂得一些解决问题的方法，如共情、倾听、积极的暂停等，以此帮助孩子有效控制情绪，恢复其安全感，帮其留在严肃对话中。例如：

对话中的共情：

“上课因为睡觉而错过了听课，最终导致这一科目落后了。这种感觉确实不好受。”

“我们现在讨论这个问题，让你觉得很沮丧。”

5.达成一致

对即将发生的改变达成一致。总结你和青春期孩子能够达成一致的内容，明确实现的时间期限。例如：

“那我们说好了，以后晚上9点半时，手机要放在客厅里，家里准时熄灯。”

“在下学期到来之前，我希望咱们共同做到现在所说的一切。”

3.积极的暂停

家长微信录

有时候孩子犯了错，他会找出各种各样的理由反复强调不是自己的原因。当我与他严肃说一些事情时，他时常会认为我是啰啰唆唆，不可理喻的。我们之间的对话总是这样，周而复始强调某个问题，然而问题却从未有真正解决过。

破解青春期孩子行为心理密码

奥地利心理学家阿尔弗雷德·阿德勒认为，处理任何问题前都要先处理好情绪。父母与孩子之间沟通问题也是如此。如果在整个沟通过程中彼此情绪激烈，争论不休，就会加剧彼此之前的矛盾，直至最终，沟通成为问题。但是，当彼此之间出现沟通不畅的问题时，忽略这个问题，而是先各自处理情绪，等各自的情绪冷静下来后再继续沟通，就是很容易的事情了。

阿尔弗雷德·阿德勒还提出了“积极暂停角”这一理念。即在家里创建一个能让人冷静下来，感觉良好的积极暂停角落。家里的每个人甚至都可以自主决定暂停角落的位置。在这样一个私人化的角落里，每个人都可以自己决定要为自己的角落添置什么东西，起一个什么样的名字。当感觉心情低落、愤怒或处于其他负面状态时，就去各自的暂停角落休息冥想片刻，使情绪得到安抚。这有利于家人们的“情绪安全”。当然，即便没有积极暂停角，家人们之间也可以随时按下负面情绪的开关，通过积极暂停来使接下来的沟通更为和谐。

青春期孩子喜欢的沟通方式

在与孩子交流遇到障碍时，积极的暂停有助于帮孩子接通理性的大脑，使彼此都足够冷静，专注于解决问题而非情绪。在使用这种方法前，有两个建议可作参考：

设置属于青春期孩子的“积极暂停区”

父母可以和孩子一起在家中布置“积极暂停区”。积极暂停区既可以是属于孩子的私人空间，也可以是属于大家的共用空间。当然，积极暂停区也不必拘泥于一处空间，家里每个人都可以自行选择自己的“积极暂停区”。

当父母与孩子一起设置“积极暂停区”时，一定要提前同孩子说说积极暂停的好处，告诉孩子让情绪先暂停一会儿，等冷静下来后，大家就能更理智地进行对话，大家也会因为冷静理智而使得交谈变得轻松起来。

对于暂停区的布置问题，就由孩子自己决定，自己选择。他们可能会布置成热带雨林的样子，可能会布置成宇宙星空或者其他。他们可能会在暂停区放一些书籍，可能会更喜欢在暂停区听音乐，也可能会做其他一些他们感兴趣的事情，诸如发呆、画画等。这完全取决于他们自己。

需不需要情绪暂停，什么时间去暂停区，这些最好在设置暂停区的时候就做出规定。要让孩子知道，他们一旦认为暂停对自己的情绪有帮助，随时可以喊停，去自己的暂停区待一会。最后，还要制订出走出暂停区的规矩，即当他们感觉好起来，并且愿意去找到问题的解决方案时，就可以走出暂停区，继续刚才的交谈。

以深呼吸或转移法来对负面情绪喊停

更多的情况下，当父母与孩子在交流中发生冲突时，并不一定非得去暂停区，有时候，甚至是深呼吸几下，或者暂时找点别的事情来转移注意力等手段，都能对负面情绪喊停。等彼此冷静下来后，再重新探讨尚未解决的问题。

一位爸爸是这样使用积极暂停沟通法的。

一次，他发现孩子没有按照老师的要求完成作业，他就问孩子：“你为什么没有按照老师的要求，改正错误的题目，并写一篇习作？”

孩子说：“我没有正确答案，当然不能按照求修改了。”

这位爸爸说：“老师说就你自己没按要求修改。如果你的同学们都有，你为什么没有？即便没有，也可以先借同学的看一下。”

孩子大嚷起来：“我不喜欢写作业那么死板，不可以吗？”

这位爸爸听了火冒三丈。

如果这位爸爸此时大声训斥儿子，后果是什么样呢？

第一种，儿子被父亲的气势震慑，乖乖服软。心想：“你居高临下，我暂且忍着，我修改作业去，以后再说。”与此同时，孩子不会钦佩爸爸，更不会体会到爸爸的良苦用心，彼此心理距离增大。

第二种，孩子与爸爸紧张对峙，最后谁都不能把谁怎么样，打成平局。孩子会认为爸爸不尊重他，而爸爸也会认为孩子不懂得尊重长辈。

但这位爸爸并没有那么做。他深呼吸了几下，然后告诉儿子：“我现在不与你继续沟通，因为我们的情绪都不好，我听了你的话，也有些生气，请你先吃完饭，你可以去自己的暂停区待会儿，我们等彼此都冷静下来，再说这件事吧。”

经过一番暂停，大概一小时后，儿子低着头说：“爸爸，对不起，我错了，我不是故意要气你的。”

爸爸说：“没关系，看得出，你有一定的苦衷。能和我说说吗？”

就此，这场小小的冲突变成了一次顺利的交谈。

4.“我感到”与“你感到”

家长微信录

孩子每天回家都是一个人默默吃完饭写作业，之后就关上卧室门与我们完全隔绝了。好几次，我都问他是不是有什么心事？他每次都说“没什么啊，只是想一个人静静。”到底怎么做，才能让他敞开心扉？真担心长期下去，他会患上抑郁症。

破解青春期孩子行为心理密码

在咨询过程中，遇到过太多父母问同样的问题，他们急切地想知道自己到底要怎么做，才能让孩子敞开心扉。世界上的父母都是疼爱孩子的，渴望理解孩子，也愿意去倾听孩子的心声。但是因为沟通方式的问题，孩子们认为自己无法获得父母的支持和认可，父母永远无法理解自己，说了也没用。于是，父母常常是心有余而力不足。其实，父母如果在沟通上，诚实地表达自己的感受，鼓励孩子谈谈他的感受，不做评判地倾听，不去给孩子贴上任何标签，孩子自然而然就愿意对父母敞开心扉了。

青春期孩子喜欢的沟通方式

作为父母，坦诚向孩子说出自己的感受，看似容易，其实有时候也是需要极大的勇气的。当坦诚表达感受时，会很容易向借口、辩解、攻击的方向偏离。而当父母想让孩子坦诚表达他的感受时，如果他没有敞开心扉的打算，通常这种表达也趋于表象。

这里建议大家使用“我感到”和“你感到”这两种表达感受的句式，使亲子之间更为坦诚、合作。教育学家简·尼尔森将这两种感受表达的句式总结为以下模式：

我感到________因为________我希望________

你感到________因为________你希望________

我们详细来说这两种表达感受的沟通模型的运用：

“我感到”沟通模型

我们来看几个以“我感到________因为________我希望________”为模型的句式。

“我对你中考模拟考试的数学成绩得了60分感到担心，因为我能看出你在几何方面存在一些不足，有些基础知识掌握得不好，我希望你能摆正心态，好好将课本中几何的部分看两遍。”

“你欺负你的妹妹时，我感到很伤心。因为我不喜欢兄妹之间还要勾心斗角，我希望你能想想如何和睦共处又能恰当表达感受的其他一些方式。”

“你不理会我，我感到很伤心，我希望你不要这样做。”

“我对老师所反映的情况感到不安，因为我害怕你会因此错过人生中一些有益的朋友，我希望你能好好反省这件事。”

“看到乱糟糟的书房，我感觉心情很糟糕，因为我喜欢看到干净的房间——物品摆放有条理，地面一尘不染，我希望我们能在干净的书房里看书、学习、工作。”

在这五个“我感到”的沟通句式里，并不一定严格遵守模型状态，句式也可灵活些。第二个句式是很容易理解的，它省略了“因为——”。我们可以看出，在“我感到”句式中，一方面有效地表达了你的感受；另一方面，“因为”和“希望”则有助于传达更多信息，使孩子对自己的行为进行反思。

“你感到”沟通模型

一些情况下，孩子们本来是想对父母敞开心扉的。但父母如果告诉孩子，他不应该有这样的感受，或者这样的感受是错的，那么孩子就会压抑感受，不再想对父母敞开心扉。而当父母经常使用“你感到”沟通模型后，就是在帮助孩子积极表达自我感受，并以尊重的方式进行表达。当然，在使用“你感到”沟通模型的时候，映射孩子的感受并不是容易的事情，有时候父母所映射的孩子的感受并不那么准确，但是，如果父母能够积极地倾听，并以真诚的态度表示理解，孩子们会很乐意告诉父母他们正确的感受方式，并敞开心扉。

在接受“我感到”和“你感到”的对话建议后，桃子的爸爸就想试试效果。昨天他和女儿关于学习绘画的事情，说教很多，但沟通的效果很差。结果就是，女儿想放弃绘画。如果父亲再说教，那即便去绘画室，也不会动笔画画。他觉得糟透了，于是，这次他对话思路变了。

爸爸：我感觉很抱歉，因为我上次说教了那么多，肯定很烦。我只是希望你不要轻易放弃绘画，要知道，在未来的智能时代，人的艺术才华是难以被人工智能取代的。但是，女儿，我其实该好好倾听你的想法。你一定感到很生气，因为你认为坚持了五年的绘画使你感到厌烦，你希望自己能学点新的东西，但具体要学点什么并不明确。

桃子：我已经不生气了。但我感觉学绘画纯粹是浪费时间，因为我们现在学习很紧张，我希望不要在不相关的事情上耗费太多精力。

爸爸：你想把精力放在学习上，取得更好的成绩，我理解你的感受。你学习上如果努力一把，可能会在这次测试中上升不少。我很高兴你知道自己想要什么，如果你在学习方面需要任何帮助，我很愿意效劳。

桃子：谢谢爸爸。我可以利用一些网站视频来学习，这样可以省下报辅导班的费用，但是，如果你能帮我购买一些学习APP，我会非常高兴。

爸爸：我很乐意效劳。咱们要选择哪些学习的APP呢？

在利用“我感到”和“你感到”沟通模式交流之后，爸爸发现和桃子之间的沟通容易多了。

5.积极主动、不带批评地做出回应

家长微信录

儿子一回到家里，就说：“看看你那个好友校长大人，他竟然将别的同学做的坏事安在了我头上。冤枉我！”我告诉他：“他不是那样的人，他这个人一向公正。你要检讨自己。”儿子愤怒极了，他大声喊：“你是我爸，怎么总是胳膊肘往外拐！我讨厌你这样的家长。”很快，他拉着行李箱去了爷爷家。这几年来，我们经常发生类似的战争。我的沟通问题出在哪里？

破解青春期孩子行为心理密码

从这位爸爸与儿子的对话中可以看出，爸爸站在和儿子对立的立场上，帮着别人指控他。其实，很多父母都和这位爸爸一样，在一些事情上，选择维护老师、同事、邻居或其他人，并不去帮助孩子。当孩子顶嘴或有说出一些过激的话语时，他们立即会做出一些被动反应，诸如“这孩子，怎么能和家长这样说话！”“等你学会尊重后，才来同我谈论这个问题。”“你被禁足了！”“你就是欠揍！”

他们通常擅长讲道理，从孩子的角度找问题，试图用一些陈词滥调说服孩子。他们更乐意孩子将此当作一种挫折教育。这是一种误区。只有当

父母选择站在孩子的立场，做一个富有同情心的倾听者，积极主动、不带批评的对孩子做出回应时，亲子之间才能进行有效沟通。

青春期孩子喜欢的沟通方式

第一时间避免的无效回应模式

在给出有效的回应方式之前，我们先给出几种会造成争执、矛盾的回应模式。

第一种：立场对立。就如上面这位爸爸的处理方式，告诉孩子："他不是那样的人，他这个人一向公正。你要检讨自己。"

第二种：讲道理。"你希望他如何对你？他如果偏心你，处处袒护你，你觉得这对你的成长有益处吗？等你进了社会后，可能栽跟头的时候更多。""天将降大任于斯人也，必先苦其心志，劳其筋骨。儿子，将来要想有所作为，必须从现在起培养自强品质。这对你来说，也是一次成长机会。"

第三种：以自己的境遇说事。"儿子，我像你这么大的时候，我见了校长很有礼貌，逢年过节都要亲自登门拜访校长大人。我那时候是校长和老师眼中的'红人'。"

第四种：说教。"你知道你的问题出在哪里吗？咱们来分析分析。你看，你一定没给校长留个好印象，校长才会认为是你……"

第五种：贬损式。"我就不明白了，你可是有点小题大做了。芝麻点小事，给校长解释清楚，让他相信你，不就行了。"

上述这些回应方式，无论你用了哪一种，最终都是无效沟通。那么，面对孩子的问题，究竟如何回应呢？

积极主动、不带批评地做出回应

对孩子来说，最有效的回应沟通方式往往是积极主动且不带有批评性质的回应。这种回应中要确认并认可孩子的内心感受和观点，体现出父母的同情与真诚，让孩子感受到父母是和他站在一起的，父母能为他带来帮助。我们举一个咨询中的案例：

妈妈觉得与女儿的沟通很困难，两个人几乎是一说话就拌嘴。以女儿的作业来说，她经常不能按时完成老师布置的家庭作业。当妈妈询问其原因时，女儿经常将完不成作业归结为老师的严厉以及作业的高难度。这位妈妈也每每为此生气，她经常说的话就是："不要从外界找原因，要从你自身找原因，看看哪些因素影响了你的作业进程。""那是因为你太慢了！改掉拖延的毛病就好了。"

这种对立、说教的回应方式并没有效果，女儿反而越发厌烦写作业。可当这位妈妈改变了回应方式，使用积极主动、不带批评地回应方式后，发生了怎样的变化呢?

她说："女儿，你的作业确实太多了。语文需要背诵一篇课文，数学有三张卷子，英语是一周的单词拼写，生物、地理等小科目也有任务。这个周末没有玩耍的时间。"

女儿的回应和从前不一样了："妈妈，我计划用星期五晚上的三小时，还有周六的上午来写作业。写完作业后，咱们一起去公园吧，好久没去呼吸新鲜空气了。好了，我开始写作业了。"

父母看到这种回应方式，想必心里有答案了吧。父母可以积极主动、不带批判地回应孩子，具体如何实施呢? 可以在平时多参考一些青春期孩子对于改善父母沟通技巧的建议，并择优选用；要多问，多听，少说话；可以选择使用感同身受的言语来回应。我们举出一些积极回应的话语，可以参考：

"那一定让你觉得很愤怒。"

"你当时肯定是讨厌他。"

“你一定感到很委屈。”

“我需要一个拥抱，当你气消了，我们再谈论这件事。”

“我需要积极的暂停，直到我们能够尊重地对待彼此。”

“现在什么才有益于解决这个问题呢？你觉得这个问题放在家庭会议上解决是不是最优选项？”

“嗯，看得出你很难受。我想知道是什么事情在打扰你平静的生活？”

积极主动、不带批评地回应能有效缓解孩子的情绪，避免责备与争执的产生，使沟通更加高效。

6.描述问题、说出感受、简单表达

家长微信录

我认为我是一个负责任的妈妈。为什么这么说呢？孩子从小时候起，吃喝拉撒每一样我都亲力亲为。孩子到了青春期，我并没有轻松，相反，总要提醒孩子写作业、早点入睡、收拾房间、上辅导课、别吃垃圾食品等。可孩子唯一的反应方式就是对抗，有时候，甚至很小的一件事都能引发争吵。我每天都累得精疲力竭，为什么换不来尊重与理解？

破解青春期孩子行为心理密码

这位妈妈说出了很多青春期孩子父母共同的烦恼。父母们认为孩子到了青春期，就会自己处理绝大多数事务，至少他自己的事情要自己做，不再让父母操心。可现实是令人沮丧的，父母们发现每天因为要催促、提醒孩子做一些事情，逐渐成了孩子眼中最唠叨的父母。你自认为是对孩子负责任的父母，可孩子们会怎样想呢？

归根结底，还是沟通的方式存在问题。想要换来孩子的理解与尊重，父母的沟通方式必须是孩子所愿意接受的。不妨试着心平气和地描述问题，用说出感受来代替发火，以简单的提醒来取代长篇累牍的说教。

青春期孩子喜欢的沟通方式

父母之间可以进行角色扮演，其中一方把自己当作是家中青春期的孩子，另一方则还是执行父母的角色。

可能你们的对话方式有很多，充满警告意味的，动不动就进行比较的，讽刺挖苦的等。试问，扮演青春期孩子的一方，你的感受如何？事实上，当你站在孩子的角度，使用孩子们喜欢的对话方式后，你们之间的沟通会更简单。这里为大家提供几种典型的对话方式：

心平气和地描述问题

指责、谩骂、命令、威胁等对话方式，会使孩子自然而然处于一种抵触与反抗的状态。如果我们心平气和地去描述问题，孩子就容易接受，进而愿意和父母一起解决问题。例如：

情景一：

孩子帮家里做饭，但糟糕的是，她在菜中放了过多的盐。

原始对话方式：

妈妈："告诉你多少遍了，少放盐，少放盐，你恨不得放一袋子盐。每次都不吸取教训，怎么回事啊？你简直太蠢了！"

孩子："你总是批评我，以后别再让我做家务！"

改良后的对话方式：

妈妈："娜娜，你放的盐太多了，大家都会觉得口感不太好，也不利

于健康。”

孩子：“好吧，下次注意了。”

说出感受比发火受用得多

当你对孩子的行为感到愤怒、恼火时，你会怎么做呢？如果你采取威胁、命令、攻击、谩骂的方式，显然孩子的反应是，要么忍着，要么反抗。而如果你换一种方式呢？说出自己的感受，让孩子对你产生共感，孩子就容易对不当行为有新的认识，并愿意接受建议。

情景二：

孩子写作时总是拖延，一会儿看电视，一会儿玩手机，一会儿又吃点零食。

原始对话方式：

爸爸：“你要是再不按时写作业，这一个月的零花钱想都别想。还不快点去写，立即、现在、马上去写！”

孩子：“我讨厌你，每次就是批评！”

改良后的对话方式：

爸爸：“浩浩，我看到你写家庭作业总是拖延，感到很着急。我本来希望你秉承‘要事优先’的原则，一回到家中先写作业，再去做其他的一些事情。”

孩子：“我本来也是那么想的，但我今天有点累。我明天不会这么放松了。”

简单的提醒胜过长篇累牍的说教

对于青春期的孩子来说，长篇累牍的说教很容易引起他的对抗情绪。而适当的简短提醒有时候能达到意想不到的效果。

情景三：

孩子缺少餐桌礼仪，明明不喜欢吃，却盛了一大碗剩下倒掉。也有的情况是，眼大肚子小，觉得自己能吃完，但最终吃不完，浪费掉。

原始对话方式："我们需要说说这个问题。你还没上小学时就知道'谁知盘中餐，粒粒皆辛苦'这句诗。你现在仍每次剩饭，你需要反省自己的行为……"

改良后的对话方式：

妈妈："涵宇，吃多少盛多少。"

孩子："好的。"

7.先感同身受，再用幻想的方式表达安慰与支持

家长微信录

我女儿15岁，初中三年级。本该是学习任务很重的阶段，可我发现她的心思似乎并不在学习上。她总是去刻意讨好一个男孩子。我真担心她有一天为了得到男孩的喜欢，做出一些出格的事情，影响到即将到来的中考。我同她谈过，但根本无法解决问题，只会引发对抗与争吵。

破解青春期孩子行为心理密码

父母往往觉得和青春期的孩子很难沟通，而在孩子们看来，父母又何尝不是如此。我们可以试着进行角色置换。父母可以假设自己现在就是家中那位难相处的孩子。

当孩子疑惑："为什么我总是不受异性的欢迎？"

父母们经常会这样回应："你要有自知之明，相貌普通，学习也中等，当然不会引人注目。更重要的是，孩子，你想这些有什么用？你马上

要中考了！”

当孩子说：“妈妈，我真不知道自己会不会考上好高中。”

而父母们的回应方式通常是这样的：“你如果不去谈恋爱或者不去将心思花费在没用的事情上，你自然而然就能考上好高中。但你看看现在的情况。”

通过这种父母与孩子之间的身份置换，父母有什么样的感觉？是不是觉得大人会忽略孩子的感受，甚至会嘲笑孩子的想法、意见，提出一些不必要的建议？但是，父母的倾听、理解、接纳才能使孩子与自己积极沟通。

青春期孩子喜欢的沟通方式

在我们与青春期孩子沟通的过程中，我们很难去倾听他们所表达的愤怒、失望、挫败等情绪，因为我们不愿意看到他们被负面情绪困扰。因此，我们经常选择忽略他们的感受，并将成人的逻辑和感受强加给他们。但是，只有当我们认真倾听并接纳青春期孩子的情绪时，孩子才更愿意与我们共同解决问题。当我们与孩子沟通时，对于孩子的情绪，可以先感同身受，然后再用幻想的方式表达安慰、支持。如此一来，可使彼此之间更容易沟通，也利于问题的有效解决。

以“感同身受”代替“否定感受”

一般来说，我们在与孩子沟通时，通常会否定他们的感受。看这段对话：

妈妈：“甜馨，你为什么不高兴？”

甜馨：“没事。不想说话。”

妈妈：“说说看，说出来就好受了。”

甜馨：“半年前班上来了一个新同学，我的两个朋友现在每天都和她一起，故意孤立我。”

妈妈："他们俩怎么这样！我以前经常给她们做好吃的呢。不过这次好了，你看清了她们。"

甜馨："可我没朋友了。"

妈妈："忘记这两个家伙，你很快会有新朋友的。"

甜馨："只有你这么想。"

我们可以看到，在这段对话中，妈妈本来的目的是想安慰女儿甜馨，她在宽慰甜馨的时候，一直在不断"否定女儿的感受"。这种沟通方式不但没有达到预期的效果，反而使甜馨更难过了。但是，如果以"感同身受"来代替"否定感受"，沟通效果就大不相同了。我们来看下面的这段对话：

妈妈："甜馨，你看上去有点闷闷不乐？"

甜馨："采薇和小智这两个朋友都不理我了。"

妈妈："怪不得这么难受。"

甜馨："她们俩现在每天都和半年前新转学来的一位女同学在一起，她们三个就是一个小圈子，并不想让我加入她们的圈子里。"

妈妈："这的确挺伤感情的。"

甜馨："确实，我反复反省，我是不是做错了什么，使她们三个这么排斥我。但实际上新来的那个女生很会处事，她给她们很多好处。我也想试着这么做。"

妈妈："你确定你也想这么做。"

甜馨："也不是很确定，反正志不同道不合，不相为谋。我心目中的好朋友并不是这样的，我想找新的朋友。"

在这段对话中，妈妈虽然不可能摆平甜馨的事情，但是却通过感同身受，说出女儿的感受，来帮助甜馨面对现实，使甜馨受到鼓励，走出负面情绪。

用幻想的方式表达安慰与支持

我们在与孩子沟通时，如果对他们的负面情绪、无理要求等用道理

来劝解，通常会引发孩子的对抗情绪。如果用幻想的方式来表达安慰或支持，反而能收到意想不到的效果。再以上面的对话为例：

对话一

女儿：我想放弃这两个朋友，认识一些新朋友。

妈妈：不行，现在时机不对，一方面你需要将心思放在学习上；另一方面，如果你和她们解决了误会，自然也就好了。

女儿：我们班一个同学经常在家里举办聚会，邀请很多同学，我也想去。

妈妈：不行，采薇和小智在班里的学习成绩排在前列，我还是希望你能和她们重归于好。

女儿：我厌倦了她们这个小圈子的虚伪、口是心非。

妈妈：我担心你会交到不好的朋友。我和采薇、小智的妈妈认识很久，我能帮到你。

女儿：妈妈，我已经厌倦了你插手我的生活。

对话二

女儿：我想放弃这两个朋友，认识一些新朋友。

妈妈：她们确实让你感到难过。希望你的新朋友给你带来快乐。

女儿：我们班一个同学经常在家里举办聚会，邀请很多同学，我也想去。

妈妈：我真希望你这个星期就去参加，然后找到志同道合的朋友。

女儿：我也希望，但这星期的作业真多，组织聚会的那位同学邀请的其实都是些爱玩的家伙。

妈妈：如果他们能成为你的朋友，我希望你能给未来的朋友们带来一股清流，那是多好的事情。

女儿：马上就要考试了，我还是等考试完再考虑聚会的事情。不过我心情好多了，至少暂时不考虑圈子的事情了。

8.以恰当的复述表达认可

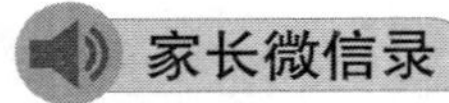

家长微信录

自从孩子进入青春期后，我们之间就仿佛多了一道无形的墙。我总是很想帮他，总觉得应该帮他建立一些更好的学习习惯，告诉他一些正确的价值观，使他在交友、生活方面更有原则。但他永远都是不领情的状态。他甚至多次告诉我："妈，我的事情不用你管！"怎么想帮他都变得这么艰难？

破解青春期孩子行为心理密码

这位妈妈需要反思孩子的抵触、反感、对抗是因为什么，自己的对话方式是不是存在一定问题？在多数情况下，孩子不愿意父母干涉自己的事情，一方面是青春期的孩子有了隐私，另一方面，是因为他们并不喜欢父母的对话方式。而青春期孩子的绝大多数问题，是可以通过正确的对话方式来解决的。

心理学家根据对话所产生的效果，将父母与孩子之间的对话分为三种模式，即亲近的对话、疏远的对话、引发对抗的对话。在亲近的对话中，父母会尊重、倾听、理解孩子；在疏远的对话中，父母可能尊重孩子，但却不理解孩子的感受；在引发对抗的对话中，父母多使用了语言暴力，进而引发了孩子的叛逆与反抗。

青春期孩子喜欢的沟通方式

你平时与孩子的对话方式属于哪种模式呢？可简单自测。我们举一个例子，当孩子说："妈妈，我在学习上遇到了困难。"你会如何应答？有

三种模式：

“遇到了困难？一定很烦。说出来，我们一起想办法。”

“学习上遇到困难很正常，还是你不够刻苦呗。”

“什么，学习有那么难吗？我当年学起来很轻松，是你没学习兴趣吧。就你这三天打鱼两天晒网的样子，能学好才怪！”

这三种对话模式依次为亲近的对话、疏远的对话与引发对抗的对话模式。请对号入座。

如果你是后面两种模式，如何向亲近式对话模式转化呢？有个小方法，就是适当复述孩子的话来表示认可。

以复述来表达对孩子的认可

复述是一种说话技巧。在我们与他人交往的时候，常常在倾听的时候会适当使用复述来与对方保持沟通的一致性。当然，这种方法同样可以用在我们与孩子的沟通中。青春期是非常需要得到他人认可的时期，而复述则在某种程度上可有效表达认可，拉近与孩子之间的心理距离。举例来说，一位妈妈和女儿一起去买衣服。女儿看中了一双鞋子。

女儿：“看，这双鞋子太酷了！我喜欢！”

妈妈：“可是你有一双鞋子和这双很相似。价值又那么贵，不买。”

女儿：“我就是很想买，我用我自己的零花钱，我攒了很多。”

妈妈：“不行，不能惯着你随便花钱的毛病。你的零花钱必须用在有价值的事情上，你可以报个培训班。”

于是，妈妈和女儿之间的对话陷入争执，女儿内心充满了抗议。但是如果换一种复述的方式就不一样了。

女儿：“看，这双鞋子太酷了！我喜欢！”

妈妈：“是很酷，是你喜欢的风格。”

女儿：“就是有点贵，而且我有一双鞋子跟这个款式有点像。”

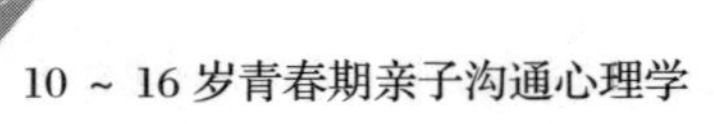

妈妈："是啊，有点贵。如果打两折就好了。"

女儿："那样我们一人一双。我想我们还可以看看别的，或许有在价格和款式方面更合适的鞋子。"

在这场对话中，仅仅是因为妈妈在对话中进行了适当的复述，之前的对抗对话模式一下子就转变为亲近对话模式。需要指出的是，复述也需要一定的技巧。

复述的一些技巧

在使用复述技巧时，父母需要注意，复述并不是简单地重复或照搬孩子的谈话内容。心理学家罗杰斯认为，有效的复述应能够将孩子的注意力指向他所说的话，不告诉他们话的意味，也不提出任何意见，从而引导他分析自己的想法。

有效的复述应是对孩子说话的内容进行综合、概括，适当取舍，认真选词，组织安排的过程。在这个过程中，不要掺杂个人看法，不要去强调合理性或逻辑性，而是要注重在情感上如何更加接近孩子内心。

举例来说，一位来自单亲家庭的男孩受到老师的批评，老师也向他爸爸反映了情况。事情是，这个男孩和学校外面的社会人士来往，监控显示他晚上爬墙出去。当爸爸知道这种情况后，很是愤怒。他在调整情绪之后要和男孩谈谈。

当他刚提起这件事情时，男孩就说："以后少管我的事，我已经长大了！"这位爸爸利用复述法，说："你是说不想让爸爸管太多？爸爸能理解。"这种简单的，不带逻辑评判的复述，缓和了孩子之前提到这件事时的对立情绪，使孩子愿意谈下去。

9.善于抓住一次次简短的小机会进行交谈

家长微信录

女儿从小到大的闺密上了职中，女儿则上了重点高中。因为我们两家住得近，她们俩一到周末就聚在一起。有一次，女儿说起这位闺密已经和以前大不一样了，已经交了好几个男朋友，早就和那些男生们发生了性关系。其实，女儿现在也不太一样了，我特别担心女儿会“近朱者赤，近墨者黑”。如何和女儿进行一次长谈？

破解青春期孩子行为心理密码

对于涉及青春期孩子们界限的问题，如性、毒品、喝酒、纹身等，进行长谈的结果可能并不理想。例如这位爸爸和儿子的对话。

爸爸：“儿子，我觉得咱们需要好好谈一谈关于女孩子的问题。”

儿子：“爸爸，又来了，这问题有什么好谈的。”

爸爸：“不单单是女孩子，如果一个男孩喜欢上一个女孩，并打算和这个女孩发生关系……你知道，这是存在健康隐患的，需要保护措施……”

儿子：“爸爸，不要说了，我都知道，咱们能不能好好坐下来聊一聊别的事情。”

关于这些敏感话题，一方面父母可能不容易说教，不容易一次性就能让孩子明白所有知识；另一方面，对于父母来说，可能并不是很容易讲的内容。这种情况下，怎么办才好呢？不妨寻找一次次小机会谈话来代替严肃且正式的长谈与说教。

青春期孩子喜欢的沟通方式

琳琳的妈妈想和琳琳谈谈关于青春期的性问题，但她是无论如何都难以开口的。于是，她鼓足勇气，准备与女儿进行一次长谈。

妈妈："女儿，我想和你谈谈关于青春期性的问题。你有必要知道一些女孩子的保护自己的知识。"

琳琳："妈妈，您这是老生常谈了，现在网络传媒那么丰富，我什么都知道。"

妈妈："不是，我觉得我们有必要严肃地谈论这个话题。嗯……怎么说呢……从何说起呢……"

琳琳："行了，妈妈，我写作业去了。"

过于严肃的氛围以及话题，父母本人都不好意思说，处于青春期的孩子更是不想去听了。准备好的谈话，只好戛然而止。但是，如果父母能够利用生活中一次次简短的小机会来进行简短的谈话，效果就大不一样了。

抓住一次次简短的小机会进行交谈

一次次适合谈敏感话题的小机会在哪里？你又该如何合理利用呢？这样的小机会其实很多，如看电视的时候，看电影的时候，看报纸的时候，看杂志的时候，看微信公众号的时候……这些小小的碎片时间里，如果提到一些敏感话题，你大可抓住这些小机会和孩子进行一次次简短的谈话。我们举例来说：

看电视的时候：

女儿："哇，妈妈，您也在看这部美剧啊，我很多同学都在推荐呢！这部剧一定好看！"

妈妈："看了一些，剧中一些关于性的价值观太扭曲了，你看看电视里关于这部剧的评论。"

女儿：“但电视剧是假的，是演的。”

妈妈：“不管真假，我的建议是不要为了取悦某个人而去做伤害自己的事情。”

女儿在看完讨论这部美剧性价值观的一篇评论后，知道了所谓的美丑，也接受了妈妈传递的价值观。

看新闻的时候：

妈妈：“你看这条，最近研究，越来越多的青少年会理智对待性行为，怀孕率明显下降……这是个不错的信号，表明越来越多的青少年知道为自己的行为负责了，也知道采取措施了，还表明青少年们变得更理智了。”

女儿：“哦，有可能。”

简短的谈话，就能传递出妈妈的价值观，让女儿明白当今的青少年性价值普遍是什么样。

看杂志的时候：

爸爸：“来看看这个，约会暴力药，无色无味，偷偷放在饮料里就……”

儿子：“天啊，什么人才会做出这样的事情？”

爸爸：“这也太冲动了。很多男孩子都是上当的，根本没意识到这是犯罪。有时候，犯罪与冲动只有一线之隔。”

儿子：“嗯，所以凡事都得有自己的判断，理智又有分寸。”

父子俩虽然只是就杂志的内容说了各自的看法，但孩子却从中学到了在一些事情面前如何保持自己的鉴别力以及理智行事。

根据现实所见进行评论：

妈妈：“我不喜欢他们三个这么评价女生，眼里只看到某个女生胸真大，身材又如何等。”

儿子：“很正常，很多男生都私下里这么讨论女生。”

妈妈："听到这种评论我很生气，女孩子值得发掘的地方很多，单单从身体方面讨论太低俗。"

儿子："我也这么讨论过，貌似真不对。"

儿子从妈妈对几个男生言行的评论中，知道了不能以貌取人，看人要全面、客观、平等。

在一次次小机会简短谈话中，每次可能谈论的内容并不多，但时间一长，就能向孩子传递你想要传递的价值观，让孩子明白你想让他明白的事情，帮孩子正确认识因行为不当造成的负面影响，使孩子避免青春期的一些陷阱。

第五章

提问：问出十几岁孩子心里的秘密

在与十几岁的孩子沟通时，提问这种沟通方式具有极其强大的力量。问题能够帮助我们搭建与孩子之间沟通的桥梁，发现孩子的秘密，获得孩子的支持，和孩子一起解决更多棘手的问题。

高明的提问能开启青春期孩子的心智，使他们重新回到正确的人生轨迹上，改善与周围人关系，找到学习与生活的激情、动力与乐趣。要记住，当父母提出问题时，不仅直接拉近了自己与孩子之间的心理距离，而且还帮孩子解决了一半的问题。那么，具体来说，如何提出高明的问题，如何用问题这把钥匙打开孩子紧闭的心门？你想要的答案就在这一章。

1.黄金圈式提问：Why，How，What

家长微信录

他简直令我抓狂！正在上高一的儿子每天晚上回来写完作业，还会看会儿课外书。当然他自己也会偶尔打游戏、看电影。在这些方面还是蛮有自制力的。但问题是，睡得那么晚，早上根本没办法起床。我每天都必须掀开他的被子，将厨房用具搞得叮当乱响，才能吵醒他。他真是懒惰、没规矩，每天都迟到，太叛逆了。我每天都像打仗，心累。

破解青春期孩子行为心理密码

很多父母都认为青春期的孩子嗜睡就是懒惰，没规矩，是叛逆的表现。其实这种归因并不完全正确，青少年中夜猫子是很常见的。

人的睡眠模式受控于多种复杂的脑内信号和激素。科学研究发现，青春期的孩子与成人或幼儿相比，反而需要更多睡眠。他们每天大概需要8.5~9.5小时的睡眠时间。但是，处于初中以及高中阶段的孩子们很少能达到这个标准，他们太喜欢晚睡了。这是因为从他们青春期之前，生物钟就开始延迟，大脑内褪黑素的释放也比成人要晚。而褪黑素在青春期孩子体内留驻的时间比成人长，所以他们看上去更喜欢睡懒觉。

由于初中、高中生早上学习时间紧凑，学习任务又重，我们很难任由他们做夜猫子。但可以使用正确的沟通方式来帮他们认识到睡眠的重要性以及建立对睡眠的自律性。

青春期孩子喜欢的沟通方式

这里介绍一种“黄金圈”提问沟通方式，以帮助父母们同夜猫子顺利沟通，帮夜猫子建立良好的睡眠习惯。

黄金圈提问方式的三个关键词是：Why，How，What。它是一种由内而外的思维方式，是由商业研究学者西蒙克涅斯发现的。他发现成功的商业模式，受益于模式背后的思考、行动、交流方式。而这种思维方式都以目标为中心，按照三个层面Why（为什么）–How（如何做）–What（做什么）的顺序，进行“目标、理念→方法、行动→现象、结果”的思维模式。

事实上，黄金圈提问思维不仅仅被用于产品开发，也广泛用于教育、培训、管理等多个领域。在使用黄金圈思维提问与孩子沟通时，首先，从Why开始，找到“为什么”，建立核心理念和目标；然后，思维流动到“How”，即“如何做”；最后，思维突出What “做什么”，即由理念带来的现象和成果。

有一位爸爸，他儿子特别爱看手机，每天临睡前都要看很久。即便不看手机，他也会消磨时间很晚才入睡。当然，每天早上也是典型的起床困难症。这位爸爸屡次说教都无济于事。我建议他使用黄金圈提问沟通模型。两个月后，他反馈说，儿子每天都能早睡，再也不是夜猫子，比以前更爱学习了。他是这样做到的，父母们可以参考。

关于Why的提问（目标、理念）

爸爸：儿子，你知道为什么要求你不能太晚睡觉？

儿子：怕我早晨起不来，上学迟到。

爸爸：只是一方面。睡眠太晚的危害不小。你看看这篇报道：

睡眠不足，会对生理、情绪与认知方面都产生一些负面的影响。从生理上说，人一旦睡不够，压力大，你脸上的痤疮就加重了。睡不够，打球也会感到没力气；还会导致抵抗力下降，容易感冒。从情绪上说，睡不够，会使人缺乏耐心，心烦意乱，容易冲动，攻击性强，还容易出错。从认知上说，睡不好，学习能力就降低了，人们的创造性被抑制，还容易健忘，思维迟缓。

爸爸：你觉得睡眠和学习成绩有一定关系吗？

儿子：确实吧，我睡不好，听课都觉得脑子变慢了。

爸爸：嗯，一位脑科学家做过一项研究，是针对钢琴学习者的。他们想搞明白睡眠与运动与学习到底会有怎样的影响。他们将学习者分成两组，一组学完就睡；一组学完不睡。他们对这两组学习者的大脑进行图像扫描，发现第一组学习者的弹奏准确率明显高于第二组。第一组学习者在慢波睡眠状态下，负责协调弹奏动作的脑运动皮层补充区域活动更为明显。

最终儿子得到结论，“睡眠不是浪费时间，而是额外增加学习的时间。”“睡眠很重要，关系到学习成绩。”

自此开始下一轮“如何做”的提问思考。

关于How的提问（方法、行动）

爸爸：你觉得我们应该采取哪些措施来确保你能够睡眠充足？

儿子：唉，这个问题好难。爸爸，我晚上11前半之前都很精神。

爸爸：没关系，让我们一起来找到一些能帮你早点入睡的方法，如何？

于是父子俩找到这样几种实用性很强的方法：

在规定时间内按照计划表完成作业，9点之前必须结束作业。

将电脑和手机放在客厅里，大人也要这么做，谁都不能例外。

睡觉前放下情绪，不准大喊大叫，也不准讲笑话。

找一些枯燥的事情来代替以往看手机的习惯。

最后，提问的思维突出“做什么”，即由理念带来的现象和成果。

关于What的提问（现象、结果）

爸爸：你觉得我们采取这些方法后，会有什么样的结果呢？

儿子：我每天都能早点起床了，甚至还有了晨读时间。我在学校里，头脑不会一天天昏昏沉沉了，会清醒许多。也许期末我还能有个好成绩……

爸爸：我也满怀期待，我们早晨的起床战争结束，和平时代来临了。

2.植入式提问：轻易撬开孩子的嘴巴

家长微信录

对于学校的一些事情，孩子总是不愿意说，我多是从他人口中得知的。我从邻居口中得知，儿子和一个女同学公然在公园里搂搂抱抱；从老师口中得知，儿子上课经常神游，叫起来回答问题通常不知所云。当我试着和他沟通时，他总是说谎，且有意避开谈论这些事情。有什么办法能轻易撬开他的嘴巴？

破解青春期孩子行为心理密码

当问到孩子们为什么说谎时，他们经常会这样说：

“要不要跟妈妈说实话，取决于事情的性质。如果说了谎能免除被惩罚，何乐而不为？”

“我很尊重他们，但是说了实话等于泄露我自己的隐私，我是不会这么做的。”

“我知道父母希望有些事情永远不会发生，但是我已经长大了，有些事情是不适合他们听到的。”

“如果说了实话，还有机会做点刺激的事情吗？显然，不能说实话。”

青春期孩子们说谎的动机很多，但归根结底，青春期的孩子对被家人处处盯着的行为感到厌烦，抵触。为了避免一些麻烦，或者是为了不让父母感到担心、失望，他们会用说谎的方式来应付父母。比如，告诉你他要参加一个同学英语沙龙，结果是一大帮男同学们偷偷吸烟去了；她会偷偷买化妆品，等和同学逛街的时候化上妆，回家之前再卸掉。说谎可以说也是青春期孩子保护自己隐私的一种方法。但是，对于可能发生的灾难性错误行为的预见，还是需要提前知道一些孩子的情况的。对于那些处于危险边缘的孩子，如何撬开嘴巴呢？

青春期孩子喜欢的沟通方式

父母可以使用植入式提问的方式来撬开孩子的嘴巴，让孩子说出实话。所谓植入式提问，类似于电视剧中植入式样的广告。在孩子处于某种状态时，根据相关情境突然进行植入提问，孩子的思维就很容易跟着植入的问题思考。

“陈述植入概念 + 反问”的植入式提问

英国肯特州立大学的马利亚扎拉贡扎博士做过这样一个实验，他让98名大学生观看8分钟的迪斯尼电影后，向大家提出了一个问题：“迪雷尼摔倒时，膝盖流血了，是吧？”结果，绝大多数实验者都回答：“是的。”实际上，迪雷尼根本没有流血，博士是故意“植入”思想，然后进行反问。大家都中了他的“陷阱”。

我们的思维并不总是精确的，只要被技巧性地植入特定内容后，就会顺着特定内容的方向云思考。青春期的孩子们更是如此。你可以利用“陈

述植入概念＋反问”的方式来偷偷植入问题，让孩子顺着你的思路走，说出你想要的答案。具体这样操作：先陈述一个事实，这个事实可以是你的想法，也可以是大众的看法或其他的思想。然后开始对孩子就此事实进行发问。就像我们提到的这个实验中博士的做法那样。

摸清心理状态，把答案植入问题里

花点时间来分析孩子目前的心理状态，可以在提问的时候，将根据他的心理状态预想的答案植入问题里，可获得意想不到的沟通效果。

纽约大学维奇·莫华兹通过对购车人群的一系列研究数据发现，如果客户一开始并没有直接表达出购买汽车的意向，但是一旦销售向他提出这样的问题：“你计划在半年内买车吗？”结果显示，相对于没有被询问的人，如此提问后，被问者购买汽车的概率明显提升。

与孩子沟通时，也可以利用人们普遍的这种心理，将答案植入问题中。例如，孩子是个宅男孩，平时除了在家读书、上网、看电视，很不情愿去户外运动。如果总是强调“男孩子，就应该多去户外运动去”，青春期的男孩很容易产生逆反心态，越发不愿意出去了。但是，如果用提问的方式，将答案植入问题中，多多询问孩子“你想尝试哪一种运动呢？”“最近打篮球的男孩好多，你要不要去试试？”孩子慢慢就会觉得户外运动有益身心，应该进行户外运动。

从孩子的逻辑破绽处进行植入式提问

孩子的语言漏洞看似不起眼，其实是父母进行语言攻势的突破口。在进行植入式提问时，只要从这些语言漏洞入手，就很容易使孩子被“催眠”。我们来看一段对话：

孩子：我们就四五个人聚聚，几乎没有可能像叛逆的男孩们一样去抽烟。

妈妈：几乎没有？说的也是。不过，“几乎没有”也就是“有一

点儿”？

孩子：是的，只有一两个人会偷偷抽烟。

妈妈：据说最近流行的那种牌子的香烟很好抽。叫什么名字来着？

孩子：某牌，口感不错。

当孩子发现说漏嘴后，父母不要急着去揭穿他。而是装作若无其事，并没有发现蛛丝马迹。但父母在这个时候要传递正确的价值观，“吸烟这件事对健康危害可不小，我前几天看了一篇报道……”“我有一个同事，肺癌晚期。唉，十几岁就是个大烟鬼了。”此时，传递价值观远远比批评或揭发有效的多。

3.二段式提问：诱导十几岁孩子说出实情

家长微信录

孩子最近似乎有心事，总是吃完晚饭就回他自己的卧室，一个人关上门，不喜欢和家里人交流，沉默寡言了不少。我利用周末请他吃一顿他喜欢的日式料理。以前这种方法很管用，他自己会不知不觉说出秘密。但现在这种方法失效了，我在他吃得八成饱的时候，想趁机打探他的心事，无果。

破解青春期孩子行为心理密码

随着孩子进入青春期，他们有自己的生活空间和情感世界，在他们的意识中早已种下了“个性、自我、平等”的种子。孩子们也开始拥有了自己的秘密，这是长大成人的标识之一，是正常的心理现象。如果孩子还没

有做好向父母“坦白”的准备时，父母千万不要刻意追问，更不要偷窥孩子的隐私，这样很容易和孩子建立起敌对关系。

青春期孩子的心理也是微妙的，他不会轻易坦诚地说出心事，是有很多顾虑的。很多青春期的孩子会认为告诉父母自己的心事于事无补，反而让父母为自己担心。另一方面，他们在乎“父母怎么看自己”。他们担心一旦心事说出来，父母会认为 “孩子遇到了大麻烦”“我需要介入孩子的冲突中”等，反而惹来不必要的麻烦。

青春期孩子喜欢的沟通方式

父母可以采用二段式提问法与孩子沟通，诱导孩子说出心事。所谓二段式提问，也就是将想要询问的问题分为两段。第一段提问是起诱导、辅助的作用，主要作用是为了引出孩子真实的想法。第二段提问则是针对孩子真实想法而设计的问题。在具体使用二段式提问法诱导孩子说出真实想法时，有这样两种方法可供参考：

先问“理想化的状态”，再问“现实中的状态”

想引导出孩子的真实想法，可从“虚拟的、想象的世界”开始，让他尽情想象一番后，再引导他进入“现实世界”，说出现实中的真实想法。这种方法是由威斯康辛大学的罗宾 · 透纳副教授提出的。他做了一个实验，实验对象为176位成年人。

他首先用最为平常的方式，直接提出问题：“下星期会运动几次？”结果得到的答案为4.72次。他再用二段试提问法询问：“你希望自己一周运动几次？”人们纷纷提出了构想，多是希望一周运动七次，每天都要坚持。在大家回答完这个“理想化的问题”后，副教授又提出了一个很现实的问题：“实际上，你一周平均运动几次？”这次得出的答案是3.73次。这个答案更接近实际追踪调查的真实答案3.33 次。

那么，如何具体使用这种沟通方式呢？我们举例来说：

1.理想化的状态

你希望有什么样的朋友？特别能理解我，包容我，无话不谈，还能在学习上一起解决难题。

你希望这次期末考试考成什么样？当然各科都接近满分，想想那种感觉都飘飘然。

你希望今年暑假过成什么样？咱们去北京、上海、西安旅行吧！

……

2.现实中的状态

实际上，你对现在的朋友评价如何？没有一个完美的，雨薇是个小心眼，王珂做事情马马虎虎，露露嫉妒心很重，浩宇最近竟然背叛我了……

实际上，你是否为考试做足了准备？总觉得要看的书太多，找不到重点，也不知道考点会在哪……

实际上，暑假会过成什么样？这个暑假，我们还是哪儿都别去了，我想在家复习功课，好在上初三后能很快适应紧张的学习节奏。

找到着力点，先打探孩子“理想化”的状态，当孩子通过想象虚构一番之后，再问现实状态，就很容易发现孩子最近是在哪方面有心事了。

先问“别人的事情”，再问谈话对象“自己的事情”

对于一些敏感话题、隐私话题或其他一些话题，人们在讨论别人的看法时，通常能侃侃而谈，但在说到自己的看法时却支支吾吾。为什么？美国拉文大学的N · 布伊博士认为，人们因为在意“别人如何看待我们”，因此，很难说出内心真实的想法，这在心理学中也被称作“对评价的恐惧”。

孩子们尤其如此。当你直接问孩子一些敏感话题时，诸如，“听说你有了一个小女朋友，是真的吗？”“你是不是对你们班主任有一些偏

见？”孩子在听到这样的问话时，头脑里通常会出现一些顾虑，他们可能会认为“如果我说了实话，结果恐怕没有预想的那么好。”“我说了实话，是不是会得到一些惩罚？”这些顾虑使他无法轻易坦诚说出意见。

父母可以利用这种普遍存在的弱点，以两段式提问的方式，先从“别人的想法”来引出孩子的看法，之后再以假设法引出孩子内心的真实想法或心事。举例来说：

一位妈妈想知道孩子最近为什么讨厌写作业。她选择了二段式提问的沟通方式。先询问孩子：“你们老师怎么对待不写作业的孩子？”“你怎么评论网上这则关于为孩子们作业减负的帖子？”

孩子听后，就开始侃侃而谈：“我们老师太严厉了，某某连续五次没写作业，老师竟然将他放在了月度通报栏……”“我倒不觉得我们作业量大，实际上我们作业量并不大，但老师的严厉态度让人逆反……”

妈妈很清楚，孩子虽然是站在旁观者角度谈别人或别的事情，但实际上说的却是自己的看法。说白了，孩子在陈述“他人的看法”时，代入了极强的“个人的看法”。

在他们母子俩聊得热火朝天时，这位妈妈趁机提出这样的问题：“假如你是某某，你是不是会因为这件事从此更讨厌写作业呢？”孩子就说：“假如我是某某，我想我根本承受不了这种当众的惩罚，当然，我比他叛逆，我会因为不喜欢某个老师而讨厌写某科作业。”

妈妈终于找到了孩子最近讨厌写作业的症结，之后她给孩子讲起了自己小时候遇到一个不喜欢的老师时，是如何化解爱屋及乌的逆反情绪的。孩子也顺利地解开了心结。

4.诊断式提问：找出十几岁孩子烦恼的“症结”

家长微信录

女儿今年高二，成绩是中等偏下，还有一年就要高考了。我和他爸爸都很为她捏一把汗。我们和她聊天的时候，发现她的人生观都很颓废。她觉得女孩子怎么样最后也是嫁人，现实中样貌比成绩好重要多了，所以她对于学习持一种无所谓的态度。她从前并不是这样的，也不知道是什么原因使她有这样的心理状态。我们觉得还是要从根源上找到症结，但具体该如何与她沟通呢?

破解青春期孩子行为心理密码

对于父母和孩子来说，青春期都是令人烦恼的。孩子在这个年龄追求自己的独立人格，有了自己的隐私权，很多事情并不愿意同父母沟通。但此阶段的孩子们，内心深处又非常渴望外界的接纳、认同和尊重等，同时，也更容易受到外界事物、评论、理念的影响，价值观念发生变化，出现一定的行为偏差。

如果父母们想找到青春期孩子心理、行为问题的症结所在，可以尝试使用诊断式提问的方式来与孩子沟通，一步步找到影响孩子心理、行为的深层次因素，以“对症论治”。所谓诊断型问题，即像医生对病人进行诊断一样，连续提出一系列问题，通过问题，一步步接近并了解问题的实质，准确把握问题的本质，从本质上找出解决的方法。

青春期孩子喜欢的沟通方式

诊断式提问具有连续提问与层层细化的特点。当使用诊断式提问与孩

子沟通时，具体可以这样做：

询问孩子一些宽泛的问题

诊断式问题一开始是要询问孩子一些比较宽泛的问题。诸如“出了什么事？”“发生了什么？”等。

咨询中，有些父母会反映，当他们问孩子“对于这件事情，你为什么会有这样的想法”“为什么会有这样的想法或行为”时，孩子是根本不可能告诉他们的。为什么？因为他们的问题并没有使孩子产生倾诉的需求，相反，还引发孩子的抵触心理，使孩子不愿意和父母交流。

而如果他们问一些宽泛的问题，诸如：“看得出你很有自己的想法，我想听听你对这件事情更多的看法，可以吗？”孩子会很乐意发表意见。而孩子的回答又为他们提供了接下去更深入了解细节的线索。

连续发问，层层细化

通过孩子对宽泛性问题的描述，抓住重点，连续发问，一步步深入细节，使问题逐步量化、具体化，诸如“事情是什么时候发生的？”“目前发生了哪些变化？”“从这件事情中得到怎样的经验教训？”“你采取了怎样的措施使它好转？”等。这其实和医生诊断病人或警察审讯有点类似。

曾看过一则旧闻，某年，美国一所大学发生一起抢劫案，该校的一位教授被认为是嫌疑人。警察在调查这位教授时，发现他言谈举止都没有破绽，根本不像是有嫌疑的人。警察又通过教授身边的同事与学生来了解教授本人，发现大家对他的印象都特别好，他们谁都不认为教授会做出抢劫的事情来。在案情处理没有丝毫进展的情况下，一位警察使用了诊断式提问法，这位教授起初平静如初，一问三不知。警察开始问他一些宽泛的、放松的问题。他偶尔回答一两句。然后警察连续发问，这位教授在回答时，情绪也显得紧张、极为不安。而这些引起了警察的怀疑，警察进行层层细化式提问，逐渐得到蛛丝马迹。警察开始多方面布网搜索证据。一个星期后，警察找到一位重要的目击证人。人证、物证一应俱全，教授承认了自己就是抢劫案的主角。

心理学家研究也表明，连续发问，层层细化的诊断式提问方式，攻势极强，可有效驳倒他人。这种方式能让你在最短的时间里找到对方的漏洞和弱点，击破对方内心的壁垒，使真相浮于水面。

有位爸爸活学活用这种方法，有效地问出了青春期儿子的烦恼所在，并最终帮儿子化解了心结。这是他们的一段对话，可以参考：

爸爸：你看上去似乎有心事，我好久没看到那个阳光男孩了，但我很想知道眼前的忧郁男孩对这阳光男孩有什么看法，能说说吗？

儿子：没什么，只是最近遇到了一些烦心事。

爸爸：确实，人有烦心事的时候很难打起精神来。是什么事情呢？

儿子：班里最近选举班干部，我没选上。这可不在我的意料之中。

爸爸：听上去确实让人沮丧。我们来找找原因。你们班选举班干部的选举指标有哪些？

儿子：指标是学习成绩、同学互评、综合能力这三项。

爸爸：你觉得这三项哪一项拖了后腿呢？

儿子：说实话，除了学习成绩，同学互评与综合能力这两项都不太好。

爸爸：那我们就一起想办法来改善现状，争取下次能选中。

这位爸爸通过与儿子之间的诊断式沟通，找到了儿子烦恼的症结。接下去，他们一起想办法解决问题，可谓一次成功的沟通。

5.共情式提问：十几岁孩子更需要一个大朋友

家长微信录

我能感觉到孩子这几天情绪低落，以前回到家里都是兴高采烈地跟我们讲一些学校的事情，但最近一回家就自己钻进书房里待着。我很想知道原因，直接问又问不出来。我很生气就批评了他，心里也知道这样更糟糕。可是，我该如何问才能好？

破解青春期孩子行为心理密码

十几岁的孩子有些事情并不想让父母知道再正常不过。但是如果父母采取的是批评的方式责备他的不沟通，那么孩子势必会更加抵触和父母沟通这件事。

曾接触过一位患有重度抑郁症的妈妈，她看上去神情恍惚，憔悴不堪。得知，一个月前，她女儿离家出走，至今没有找到。女孩只给妈妈留了一个纸条：在学校，同学们讨厌我；在家，你除了责备还会说什么？我更是被你嫌弃。我只有一走了之。

孩子用离家出走来对妈妈的责备提出抗议。这种方式虽然极端，但是不能不说，对于一个敏感的孩子来说，责备、挖苦、讽刺这些负面批评式的语言就是一种无形的冷暴力。事实上，代替批评或职责的沟通方式很多，父母们完全可以用共情式提问法来代替批评与指责。所谓共情式提问法，即采用转换视角的方式，假想他人的观点、情绪、行为与想法，并以此为参照，向当事人提出系列能触发他情绪、行为与想法的问题。

青春期孩子喜欢的沟通方式

共情式提问可以分为四个步骤进行：第一步，切换视角；第二步，问当事人宽泛的问题；第三步；聆听言外之意；第四步，提出更多问题，拉近心理上的亲密距离。我们分步来说：

第一步，切换视角

同理心领域研究专家海伦 · 里斯说："同理心并不是问'这件事发生在我身上会怎样？'而是'我好奇这件事情发生在他身上会怎样？'" 切换视角并不是假设你是孩子，而是站在对方的立场上去看问题，感同身受地去体味孩子所经历事情的感觉。例如，孩子打碎了牛奶杯，牛奶撒了一地。此时，你如果站在孩子的立场，切换为孩子的视觉，不朝他发火，而是说："牛奶撒了一地，感觉不太好受。马上擦干净就好了。"

第二步，问当事人宽泛的问题

当切换视角后，就可以提问了。首先需要提出一些宽泛的问题。这些问题包括：你近来如何？你最近过得怎么样？你最近有什么计划等。宽泛的问题很容易让孩子放下戒备心，打开话匣子。例如，你明明知道孩子最近肯定遇到了烦心事，但你想让它打开话匣子，不能提细节问题，诸如"你看上去不太舒服，是不是遇到了烦心事？"孩子是很抵触这种试探心事的对话方式的。如果问宽泛的问题："你最近过得怎么样？"反而更容易引起孩子的交谈兴趣。

第三步，聆听言外之意

在与孩子沟通的过程中，一旦他打开了话匣子，父母要注意聆听，观察他的肢体语言、语调、表情。如果他根本就不看父母的眼睛或者只是扫视了一下，那么他可能并没有他回答的那样，而是有所隐瞒，背后可能存在一定的焦虑或压力因素。

例如，孩子虽然告诉你他在学校过得特别好，朋友相处也好，学习也不错等。但你要注意观察他的表情，如果他的表情语言告诉你，他没有说真话，说到朋友的时候，采取了明显的回避状态。你可以继续提问与他沟通他回避的问题。你可以这么问："你的好朋友一切还顺利吧？"当他说道："他才不是什么好朋友呢！"如果你感受到他强烈的情绪，你应该以感同身受去回应他。"你看上去很气愤，朋友之间有时候会有一些小摩擦。能说说原因吗？"注意，在聆听过程中，始终保持眼神交流，根据孩子要沟通的内容，在表情上给予合适的回应。

第四步，提出更多问题，拉近心理上的亲密距离

在聆听的时候，你可以找一些适当的机会，提出更多的共情式问题。同时，要注意拉近心理距离，询问孩子"你是怎么想的？""接下来要怎么做？""我能帮你做些什么？""我陪你出去散步如何？"

当孩子倾诉令他伤心的事情时，有时会有一些停顿。你可以提出更多共情型的问题，"那的确不好受，谁都不喜欢朋友的这种做法。你对你们日后的友谊有何想法？""你现在想让自己处于什么样的境地？"等。你也可以适时拉近心理距离，提出让孩子好受一些的建议，去散步，去购物等。

6.桥接式提问：多疑、顽抗、抵触、疏远的"收割机"

家长微信录

孩子在学习方面很自律，也愿意去学，因此我几乎不担心他的学习。他性格内向，喜欢独来独往，根本不喜欢和大人交流。我想，这可能与他

生活在单亲家庭有关。大人之间的事情还是对他产生了很大的影响。我很想和他坦诚布公地沟通，了解他的心事，和他一起解决一些这个年龄孩子们会遇到的问题。我该如何走进他的心里？

破解青春期孩子行为心理密码

这个孩子的情况并非个例，事实上，很多青春期的孩子们都因为这样那样的原因，不愿意同父母交流，更别提袒露心事了。有些孩子可能在学校能与朋友们说说笑笑，但对家长的态度却是不信任、抵触。你需要多一些耐心，使用桥接型问题与孩子逐渐建立一种尊重与信任的关系，这样才能慢慢走近孩子的心里。

所谓桥接型问题，美国著名主持人弗兰克 · 赛斯诺对其的定义是“桥接型问题旨在鼓励人们在不想开口说话时说话。这些问题通过巧妙的方式获得信息，搜集细节，评估意图和能力。” 弗兰克 · 赛斯诺认为，如果想让戒备心强的人更容易开口说话，那么，你不要表露中心要点，也不要在一开始就向他提出苛刻的或难以回答的问题。你需要和他建立一种不设防的关系，等到时机成熟时再逐步深入询问，获取关于当事人更多的故事或新闻。

青春期孩子喜欢的沟通方式

桥接型问题对于戒备心强，不愿意表露心事的孩子尤其适用。它能够帮父母打开孩子封闭的世界，给予孩子支持与帮助。在使用桥接型问题之前，父母需要明确提出问题的最终目的，需要提醒自己如果想开启一场顺畅的沟通，需要避免防御性、谴责性等负面性质的问题。父母需要更多耐心，一步步引导孩子走向自己所设置的沟通目的地。

第一步：利用放松的问题，建立一种不设防的联系

诺贝尔心理学家尼尔·卡尼曼指出，人的思维存在两套系统，分别为系统1和系统2，人的大脑通过这两种系统发挥作用。

系统1处于一种低速挡，处于放松状态。它犹如大脑的自动驾驶仪，当周围的环境和参照点十分熟悉时，它会继续运转。当人脑处于系统1状态时，会感到放松，舒适，有控制力。这正如有人问你，1加1等于几，你不用思索就知道等于2。

系统2处于一种超速档，它运转更快，消耗更多氧气。系统2是对不熟悉的、复杂的、困难的或可怕的事物的本能回应，它使人处于警觉状态，戒备心增强。如果你严厉批评孩子，孩子就会处于这种戒备状态。

当你使用桥接型问题沟通法时，在一开始，你要为孩子提供一些零食或饮料，提出一些很放松的问题。诸如“快周末了，想去哪里玩？”“你的电脑用得怎么样？”“来点什么好吃的吗？”等。轻松的问题可有效减少他的戒备心，将他的大脑移出系统2的红色警戒区，使他的大脑处于系统1状态。你们之间就很容易建立起一种不设防的联系。

第二步：鼓励孩子讲故事

当你已经确定与孩子之间已经不再设防后，你可以就之前提出的轻松的话题一直聊下去，在聊的时候，有意识地将孩子的回答引向向你提问的目的。要注意的是，不要直接用问题将孩子踢到系统2，而是要循序渐进，鼓励他讲故事。

例如，你和孩子在讨论她的新衣服，你的目的是想知道最近发生在她身上的事情。你当然不能直奔目标，而是继续同她讨论新衣服，鼓励她将一些与衣服有关的故事。为什么要有这一步？

我们来做个假设：有两个捐款箱摆在你面前，它们都有各自的宣传信息，你看完后，更倾向于捐哪个？

A. 某国家受灾统计人数统计数据

B. 讲述一个7岁小男孩跟随维和部队，只为喝口水的心酸感人的故事

一般人肯定会选择B，为什么？因为比起枯燥的数据，人们更容易被生动具体的故事所打动。大脑研究学者尼尔·帕特尔通过对大脑的研究指出，人类的大脑对说故事的方式进行沟通其实存在固定的反应区域的。他发现，人类以说故事的方式沟通的行为已经有40800多年的历史；在人们的日常生活中，故事以及小道消息其实占了日常对话的 65%。可以说，故事是最有效的能够提高人们参与度与说服他人的方式。

当孩子开始讲故事时，她自己也处于一种很舒适的状态。此时，你要注意用心聆听，试图找到“切入点”，将你们之间的对话转向你想听的故事。

第三步：在聆听中抓住切入点，一步步套出真正的故事

你从孩子所讲的故事中找到了这样一些切入点“安妮的衣服难看”“美娜根本没有审美眼光”。你要从这些切入点出发，引出你想听到的故事。你可以这样提问：“美娜的审美眼光真的很差吗？说说看。”孩子可能会描述美娜最近发生的事情，你继续从这些事情中找切入点作为提问的机会，一步步引孩子说出最近让他感到无比烦心的事情。

7.创意式提问：不同思维所带来的勇气与独立

家长微信录

儿子已经14岁了，但一遇到事情总是喜欢打退堂鼓。学跆拳道学一半不学了，报名参加架子鼓，半年就放弃了；业余学编程，又觉得自己不是

那块料儿……做什么都没有恒心和勇气。怎么激励他呢？

破解青春期孩子行为心理密码

父母可以尝试使用创意式提问沟通法来激励他，使他逐渐变得有勇气且独立。所谓创意型提问法，即主动邀请当事人做做白日梦，鼓励当事人用幻想的方式来体验未实现的愿望。创意型问题不按常规出牌，甚至打破传统观念规则，提出了更多的可能性。孩子在这种更大的可能性中充分发挥想象力，汲取力量，在接受现实的同时，也变得更加独立与强大，勇于开创新的局面，创造更好的愿景。

青春期孩子喜欢的沟通方式

能带来丰富想象空间的创意型提问通常是宽泛而又大胆的问题。它对现状发起了挑战，使人们置身于将来，它能使人放开思路，设想更多更大的可能性。孩子可以从创意型的问题中得到更多的灵感或指引，解除了限制，开阔了眼界，增强了驾驭未来的勇气。当父母与孩子沟通时，可以尝试这些类型的创意式提问：

框架式创意提问

可以充分拓宽孩子的思维，从更广阔的角度提出大框架式的问题，诸如“你认为如何才能缓解全球变暖的问题？”“你觉得如何改善世界性的环境问题？”“一所学校如何培养出真正的精英？”等。这些大框架的问题会使孩子具有大视野与大格局。

例如，一个青春期的孩子遇到了一些人际方面的问题，他的好朋友抛弃了他，他暗恋的女孩也和别的男生牵手了。他心里很苦闷，有点自暴自弃。如何去激励他呢？父母可以尝试问一些这样的大框架式创意问题：“如果明天就是地球末日，你觉得现在什么对你来说才是最重要的？”“世界上每天有多少人经历疾病、饥饿、战争。你的这些情感小九九会重要到什么程度呢？”当然，父母可以提出一些更适用的框架式创意问题，当孩子的思维变得无限开阔时，自然不会受到小事情的局限。

角色置换式创意提问

让孩子进行换位思考，切换到更高决策者的高度。可以问“假如你是老师，你会如何制订这学期的学习计划？”“假如你是那个电影导演，你会如何编排剧情？”“假如让你来承担这个责任，你会带领大家怎样做？”孩子们从这种角色扮演中，学会站在一定的高度，从不同的角度思考问题，从而学会承担责任。

例如，一个青春期的孩子总是抱怨数学老师不合格，太偏心之类的。如果问他一些创意式问题，诸如“想一想，你要是数学老师，这种情况下会怎么做？”“作为数学老师的你，是更喜欢什么样的学生？”通过这种角色置换，孩子就很容易理解别人，消除之前的困惑。

海绵思维式创意提问

当进行提问的时候，如果能以海绵思维的方式，挑起对方的自尊心或自信心，那么接下去对方就很乐意听取你的建议或请求。最为典型的海绵式创意提问方式为：赞叹句+问句。例如：“你的编程比我厉害多了，可以继续学下去以便教给我更多的技能吗？”“你的架子鼓着实打得不错，我能在接下去的时间里经常听上一段吗？”这种提问方式会使孩子考虑答应你的建议。而如果换一种方式，诸如直接提问“你就不能将编程坚持学下去吗？”“你不觉得放弃架子鼓是不明智的吗？”这样的提问方式，显然会按下孩子抵触的按钮，孩子更愿意与你的提议对着干。

置身未来式创意提问

在提问的时候，可以用置身未来的方式来使孩子想象现实中尚未实现的梦想，这在一定程度上会对孩子起到激励的作用。例如这样一些问题：

“你以后当画家了，你会做些什么呢？”“作为未来的企业老总，你觉得我们接下去应该如何规划我们家的店铺连锁计划？”“丑小鸭要成为五年后的白天鹅，总需要做点什么吧？”这类问题可以使孩子大胆地勇往直前，懂得实现未来之前，必须怎样去付诸努力。

如果你的儿子总是喜欢打退堂鼓，做什么事情都缺乏恒心和勇气，你可以尝试用这种创意式提问：“儿子，想想十年后你创造出了一台智能机器人，它会叫什么名字？”“让我们来想象，你大学后和舍友一起组织了一个乐队，你负责架子鼓，很酷的事情！你觉得呢？”这种创意式提问，孩子会通过憧憬来为自己打气助威，充满勇气与力量。

8.启发式问题：唤醒孩子的自律与责任心

家长微信录

女儿初三那年暑假，说是和同学聚会，很晚才回家，而且竟然喝醉了！我和她妈都很生气，详细询问她为什么要这么做，告诉她女孩子应该如何，并禁足1个月，给她一个教训。她当时写了厚厚一塌反省书。但此事并没有到此为止，高一的寒假，又是同学聚会，她又犯了同样的错误。现在我们担心的已经不是喝酒问题了，而是担心她不懂得保护自己。是不是我们的沟通方式出错了？

破解青春期孩子行为心理密码

在青春期孩子做了错事时，很多父母都会以权威的态度询问孩子原因，并让孩子反省为什么会犯错，以及以后如何避免犯错。最后，他们也

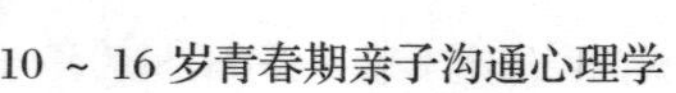

会想当然地给予青春期孩子一个教训。但对于青春期的孩子来说，这种传统的将后果强加给孩子的沟通方式显然是无效沟通，往往会导致孩子的叛逆与戒备心理。

正确的沟通方式应该是帮孩子探讨他们的选择会带来什么样的后果，引导孩子自己思考对他们来说重要的是什么，以及他们想要什么。父母可以使用启发式问题的方法来引导孩子自己寻找问题的解决之道，唤醒孩子的自律与责任心。

青春期孩子喜欢的沟通方式

所谓启发式问题沟通法，也称为“苏格拉底提问”沟通法。苏格拉底在教学时，经常使用启发式样提问来引导学生由浅入深主动思考，从而获取认知、知识与技能的提升。启发式提问不带有任何关于命令、指责、愤怒的意味，而是要求你在心平气和的状态下，以启发式问题的方式表现出对孩子的想法、感受、认知、爱好等感兴趣，然后再用头脑风暴一起找到最好的答案或办法。

比较典型的启发式提问有“你觉得……怎么样……”“你认为怎么样才能……”“除了……还有……吗？”“如果……会发生什么事呢？”等。在整个沟通过程中，孩子感受到的是尊重、合作，孩子不会产生任何抵触心理。

给青春期孩子的情绪来个缓冲期

在打算使用启发式问题沟通法之前，不妨先给孩子来个情绪的缓冲期，逐步降低孩子的抵触与紧张情绪。为什么一定要这么做呢？

我们先看两个简短的问题对话：

A：你的衣服真帅气，是什么品牌的？

B：是不是你偷了我的钱包？

很明显，对于问题A，大家会感到顺心，轻松，毫无抵触与戒备心，答案脱口而出。而对于问题B，则感到紧张甚至是愤怒，迅速进入抵触与戒备状态，变得不容易沟通。

我们可以用诺贝尔获奖者心理学家丹尼尔·卡尼曼的理论来解释。他认为人脑是通过两个系统发挥作用。其中“系统一”相当于一种低速挡，或者说是大脑的自动驾驶仪。它使人不假思索做出决定，并给出现成的答案。在周围环境以及参照点都很熟悉的状态下，他会持续运转。在“系统一”状态下，人们感到放松、舒适，有控制力。而“系统二”则是大脑的超速档，在这种状态下，大脑运转更快，消耗更多氧气。“系统二”一般是对不熟悉、难控制、可怕、复杂、困难的事情做出的回应。“系统二”使大脑处于警觉状态，强化了人的戒备心。不熟悉、不友好、紧张、焦虑、愤怒等负面环境容易将大脑调到这个档位。

当青春期的孩子认为父母要批评指责他时，他的大脑系统就处于“系统二”状态，他会对你采取一种戒备心理，变得不那么容易沟通。而当你为他提供一种他最喜欢的食物，给他一个拥抱，同他谈谈学校里有趣的事或者是谈论其他一些轻松话题时，他处于放松状态，系统一在工作，亲子之间的沟通就容易许多。在“系统一”工作时，他不仅会轻易进入到问题状态，而且能够轻易回答父母的问题。

提问的状态：心绪平静、不预设答案、同情与接纳

启发式问题的正确启动模式，即：

第一，不要预设答案。当父母决定以启发式问题沟通法来和孩子交流时，在提问的时候，父母不能在心里预先设置好答案，这样不容易使孩子敞开心扉。例如，“你接下去想如何解决这个问题？是要和老师反应一下情况吧。”“你当时是怎么想的？一定认为这样做很酷吧。”这些预设的答案，无论是直接和孩子说出来，还是在心里已经这么认为，都会影响到

孩子的情绪，阻碍启发式问题沟通的进展。

第二，双方都处于平静的心境状态下。如果父母和孩子双方或者任何一方处于负面情绪状态，如愤怒、焦虑或压抑等，使用启发式问题法是无法发挥正面效果的。而只有双方都处于平静或者是其他正面积极的情绪状态时，使用启发式问题沟通法才能产生更好的正向效果。

第三，用同情与接纳来指引问题。父母在同孩子用启发式问题进行沟通时，要表达出自己对孩子的认同感和接纳感，要有一定的共情，这样“互惠效应”才能发挥作用，孩子也愿意发自内心和父母交流。

有一位当老师的爸爸也经历过类似的问题，他是这样利用启发式问题来进行沟通的。

一次，他的女儿告诉他，她打算在毕业派对上一醉方休。这位爸爸第一反应是愤怒，他很想说教一番，但是他并没有那么做，而是调整了情绪，于是有了下面这段对话：

爸爸：“我们来聊聊你为什么想那么做？”

女儿：“因为我周围的朋友也都那么做，以前派对他们喝醉了，看上去很酷。”

爸爸：“那你的朋友们是如何看待你不喝酒这件事的？”

女儿：“他们说我太自律了，觉得对我羡慕嫉妒恨。”

爸爸：“那如果你像他们一样呢？他们会怎么想？”

女儿：“可能觉得关系更铁吧，也可能觉得失望。谁知道呢。”

爸爸：“你自己会怎么看待自己的行为呢？”

女儿：“我会觉得自己很堕落。其实，我并不想随波逐流。”

当爸爸与女儿通过这番启发式问题沟通法来探讨女儿的选择时，女儿逐渐发现选择的后果并不是她希望的，她有自己的生活准则和价值观，并愿意坚持下去，而非随波逐流。

9.娱乐式提问：愉悦，才是最大的生产力

家长微信录

我知道我是一个啰唆的妈妈。虽然孩子已经15岁了，但我总是忍不住反复叮嘱他一些事情，诸如，房间该收拾了；说了多少遍，吃饭不要吧嗒吧嗒的；记得你们老师让每周写一篇作文的……我也知道唠叨让他反感，更加不愿意同我沟通，以至于家里的氛围总是冷冷清清的。该如何改变呢？

破解青春期孩子行为心理密码

著名作家刘震云说过这样一段话："一切的啰唆重复，都是父母在发泄焦虑以及转嫁责任的表现。反反复复的叮嘱，不是在促进孩子的进步和独立，而是在消磨他们的生命活力。"真正的与孩子沟通，就要尊重孩子，信任孩子，为孩子营造愉快、轻松的沟通氛围。当一个孩子经常处于正面的心理状态时，自主性大大增强，无论是学习，还是生活方面都会卯足了劲儿，事半功倍。愉悦，才是最大的生产力。

父母可以尝试使用娱乐式提问的沟通方式来代替以往的唠叨，使孩子在一种愉悦的氛围中快乐发展。所谓娱乐式提问沟通法，即通过娱乐性质的问题，创造一种轻松愉悦抑或惊喜刺激的沟通氛围，使双方处于放松状态，协调引导话题、心境与情绪。

青春期孩子喜欢的沟通方式

当父母决定使用娱乐式提问法与孩子沟通时，可以尝试这样几步：第一步，定好主题基调；第二步，选择善意积极的提问方式；第三步，连续

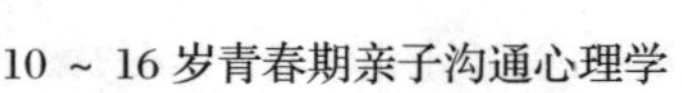

发问，制造欢声笑语，使愉快的点子接二连三蹦出来。

第一步，定好主题基调

父母应当定好这场提问式沟通的主题以及基调，并以此来激发孩子的兴趣与参与感。如果你的主题是以下一些问题的某一种：学习、金钱、家务、朋友、科技等。在娱乐式提问的基调方面可以界定为，充满欢乐，轻松，幽默，又不乏睿智。

这种氛围更有利于调动孩子的沟通积极性，使孩子发表出更多的言谈，尽情诉说自己的观点，经历或其他的故事。为什么这么说呢？

关于这一点，西北大学做过一个实验，导师马克提出一系列远距离联想问题，让参与研究的学生在给定的时间解决20个问题中的8个。这些学生觉得太难了，他们根本就想不出解决方法。后来他们看了一会儿喜剧，整个人都放松下来。看完影片后，这些学生将20个问题解决掉10个，比预计的要好。这些学生在接连看完三步喜剧片时，竟然将20个问题解决掉13个。这说明，愉快的情绪可增强人们的创造性思维，带来灵感与顿悟。

第二步，选择善意积极的提问方式

芝加哥的艾德温·葛罗斯博士做过一个这样的实验：他以两种不同的提问方式向175名市民展示新发售的圆珠笔。他向其中一部分人询问："你喜欢这种新出的圆珠笔的哪一点？"他向另一部分人询问："你讨厌这种新出的圆珠笔的哪一点？"然后向所有的人询问："要不要购买这种新出的圆珠笔？"

结果发现，在第二种提问方式下，只有15.6%的人表示会买；而在第一种提问方式下，有36.1%的人回答会购买。事实上，只要改变提问的语言，使提问的语言掺入更多积极因素，就会引发善意的反应。

进行娱乐式提问时，一定要记住，在一开始就牢牢把握自己的提问方式，询问对方优点、好处、愉快的部分。例如，你可以说："你觉得这项

活动的哪一点吸引了你呢？”而不能说“请举出这项活动的缺陷。”要知道，前者才能大大调动气氛，使回答者做出善意、积极的反应。

第三步，连续发问，制造欢声笑语

用心聆听，并且不断地发问，深入地发问。问题可涉及对话中的人、事物、理念等。例如，“你在学校最出糗的一次经历是什么？”“有什么事情使大家大笑不止？”“你打算为这件事加点料儿吗？”这些问题往往引来有趣、出乎意料的回答，这些回答使得气氛更加轻松而愉悦。

当这位妈妈的儿子说起学校的有趣的事情时，他们的谈话并没有止于笑声。妈妈不断追问：“后来呢，后来那个男生怎么样了？”“那他是不是好几天都不好意思来上英语课了？其他的孩子有类似的好玩的事情吗？”在不断的追问中，孩子源源不断讲了很多有趣的事情。母子之间的氛围非常轻松，平日里因学业而产生的一点点隔阂早就跑得无影无踪了。

在这一步，需要注意，要有选择性的使用问题，用这些问题制造乐趣，引人发笑，共享一些令人愉快的时光。这种愉悦的时光拉近了彼此的距离，而且还使得孩子的情绪经常保持在积极的状态，成为其学习与生活的动力催化剂。

第六章

批评：非暴力、坚定、分寸感

父母在批评孩子的时候，通常会使用一些愤怒、暴力、讽刺挖苦的言辞，并且在批评的时候更多的是对错误的强调。这种负面的批评方式给孩子带来痛苦、仇恨、反击以及叛逆。长期接受这种负面批评方式的孩子，变害怕出错，而这种恐惧感给他带来更大的压力，逐渐使他丧失信心、勇气与价值感。

正确的批评方式又是怎样的呢？非暴力、坚定、分寸感。父母在批评孩子的时候，使用的言辞富有理解性与分寸感，不会针对人格与性格，而是就事论事，为孩子指引方向，使孩子学会从错误中成长。在这个过程中，孩子的信心、勇气与价值感不但不会遭到破坏，而且还会与日俱增。

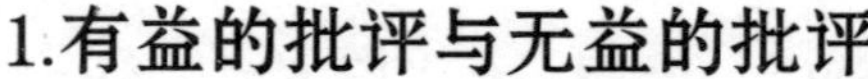

1.有益的批评与无益的批评

家长微信录

我在批评孩子的时候，因为过于气愤，时常说出一些过激的话，诸如“你这个傻瓜，这么简单的题都不会，以后还能考得上大学吗！”“这有什么了不起，比起第一，你的差距是天上地下。”我意识到自己的批评非但没有帮助孩子，反而使孩子对我充满了憎恨。我该如何改变？

破解青春期孩子行为心理密码

这位父母意识到自己的批评式沟通方式出了问题，这本身就值得赞许。只要学会鉴别有益的批评与无益的批评，并能够灵活掌握从无益的批评转变为有益的批评的方法。

所谓无益的批评，是指一些脱口而出的带有侮辱、挖苦或嘲笑的刻薄话语。习惯用这种批评方式的成人，多从父母或长辈那里继承了这种风格。无益的批评多是对人格、性格的批评，会招致仇恨、反击与叛逆，更会使青春期的孩子对自己产生负面的感受。

有益的批评与之不同。它本着对事不对人、就事论事的态度，不会指向人格、性格，而是更为关注目前所面临的困境，如何找到解决的方法。有益的批评可以使孩子以合作的态度反思问题所在，有助于孩子不断完善自己。

青春期孩子喜欢的沟通方式

在咨询过程中，经常会遇到这样的家长，这些家长苦恼于无法化解亲子之间日益激烈的矛盾冲突。事实上，这种矛盾冲突形成的过程无非是这样的：

青春期的孩子做错了事情或说错了话家长会以辱骂、嘲讽、愤怒的状态对孩子错误的行为作出反应，而孩子也会以同样糟糕的暴力语言来回应，也有的孩子不会回应，但在内心里埋下了仇恨的种子。于是，亲子之间便有了接连不止的战争。而终结这种战争最有效的方式，就是将无益的批评转化为有益的批评。

将指向人格或性格的沟通方式转化为解决问题式沟通方式

滥用一些负面词汇对孩子的性格或行为进行攻击的后果很严重，孩子会以怨恨、愤怒做出回应，随后做出一些更加出格的行为，进而招致新一轮的无益性批评，久而久之，形成一个恶性循环圈。但是，如果父母不去关注孩子的错误行为本身，而是专注于如何帮孩子解决问题，亲子之间的沟通也就更顺畅。

一位妈妈抱怨儿子每个星期都要拿老师写的意见条回家。妈妈因此十分愤怒，每次看到意见条就忍不住对儿子发火，她甚至说出一些很伤人的话“我对你失望至极”“你根本就不像我的儿子”等。母子之间的隔阂也因此更深了。半年来，儿子在学校的表现越来越差。

但是，当这位妈妈意识到无益批评的坏处，并开始改变时，一切都变好了。

这天，儿子照样拿回老师写的意见条。妈妈用感同身受的话语说：“儿子，拿这样一张纸条回家，你一定不舒服。”儿子点了点头。妈妈说：“我一直向老师道歉，保证好好管教你，但现在我不想保证了。我打算这样回复老师‘尊敬的赵老师，我已收到意见条。我认为我儿子比以前进步了很多，我为他感到骄傲。在以后的日子里，他会表现得越来越好的。’”

自从这次之后，她与儿子之间的沟通顺利多了，儿子在学校的表现也更好。

对于无意中发生的小事情，要传递分寸感

当父母在进行无益批评的时候，通常会将很小的事情扩大化。例如，孩子如果只是撒了牛奶，打碎了一个杯子，忘了写作业，丢了一件衣服等，没必要发很大的火。此时，使用非暴力、和善、坚定与充满分寸感的有益批评的沟通方式，不仅能够使孩子意识到错误，还能让孩子避免犯此类错误，从而变得更好。

我们来看这位爸爸的做法：

儿子无意中打碎了一个玻璃杯，碎片到处都是。

儿子愧疚地说：“我太笨了。”

爸爸和善而坚定地说：“你也可以不这么说自己。”

儿子笑着说：“那说什么？难道还要说打碎了杯子很了不起？”

爸爸说：“你就说，水杯摔碎了，我来收拾。”

儿子有点疑惑，他问：“就这么简单？”

爸爸欣慰点头：“对，就这么简单。”

于是这小小的事情让孩子学会了，如何建设性地处理小意外。如果这位爸爸说：“怎么总是这么不小心，你每次都闯祸。你就不能不那么毛躁吗？杯子碎片扎脚就严重了……”面对这种批评，这个孩子能学到什么呢？

赋予责任能有效纠正其不良行为

德克萨斯大学博士瑞奇 · 葛利芬做过一项实验，实验者为38家银行的

526名员工。葛利芬给他们每个人分别赋予某项职务，增强他们的责任感。结果发现，他们自从被赋予责任之后，工作态度更积极，对工作和职务的满意度也极大地提高了。这证明，人们一旦被赋予某项任务，并被要求负有一定责任后，人们心理上产生积极因素，不再愿意做些与任务或责任相冲突的事情。

因此，你可以在沟通时，给孩子布置一些任务，赋予他一定的责任，在这种情况下，孩子更能做出令人满意的行为。这种有益的批评方法也是学校所惯用的。一般老师们遇到上课扰乱课堂秩序的学生，会和他沟通："你来当纪律委员吧，我信任你。希望你能帮咱们班建立良好的上课风气。"这种情况下，班里最捣乱的学生开始纠正其行为，更愿意遵守纪律。老师们也会对那些习惯欺负同学的孩子说："为避免咱们班同学被欺负，你能帮老师盯着欺负同学的人吗？"通常，欺负者会逐渐转变行为，不再欺负其他同学。

2.表达愤怒的方式

家长微信录

儿子已经初三了，但每次周末回家写家庭作业时，还在重复以往的习惯，一会儿来点零食，一会儿去趟厕所，一会儿又听会儿歌……我看到他这种拖延劲儿就忍不住怒火中烧，对他大吼，什么难听话都说得出来，但事后又觉得后悔极了。我如何控制情绪啊？

破解青春期孩子行为心理密码

这位妈妈的问题不是如何控制好情绪的问题，而是合理正确地表达愤怒的问题。每位父母都有生气发怒的时候，如果父母表达愤怒的方式是大吼大叫、侮辱、刻薄的语言，那么，会对青春期的孩子心理上造成一定的负面影响。多数情况下，父母的怒气会引发孩子的叛逆，当然，还有些孩子会选择性逃避，以至于性格上变得懦弱而压抑。

当然，有了愤怒情绪，就故意去压抑，尽量表现得和颜悦色，这种行为本身也是不恰当的。我们隐藏了自己的愤怒，但传达给孩子的是虚伪的感受。心理学家海姆 · G.吉诺特认为，不应试图压抑愤怒，完全可以用不具有破坏性的方式表达出来。这种表达方式不但使父母得到一定的解脱感、轻松感，而且会给青春期的孩子以启发。

青春期孩子喜欢的沟通方式

当我们向孩子表达愤怒的情绪时，应在尊重与理解的基础上，描述愤怒情绪，且不带有任何尖酸刻薄的侮辱性字眼，也不具备攻击性。表达愤怒的目的是让孩子理解我们的愤怒，积极与我们达成合作。这里提供表达愤怒的注意事项，可以参考：

描述愤怒情绪对你的影响

处理愤怒情绪时，父母们需要做到不添加任何事情地向孩子描述出这种愤怒对自己的影响。我们举例来说：

当孩子的拖延症又犯了，迟迟不写作业时，父母们之前的愤怒表达方式可能是这样的：

“你就不能快点！你这样下去中考就完了！”“你真是太让我失望了，怎么就那么没有紧迫感？”“你不光写作业慢，什么事情都慢，典型

的‘慢吞吞’！”“你简直就是个懒虫！”

假设你与孩子的角色置换，你站在孩子的立场上，你的感受是什么？抗议、忍受、烦躁……总之，很难有解决问题的动力。

如果在表达愤怒的时候，换一种方式：不掺加其他事情，单纯描述愤怒的感受或情况，说：“这让我感到生气。”“你写作业这么慢，让我感觉心烦。”“当我看到你写作业总是一会儿喝水，一会儿吃零食，一会儿去厕所时，我感到生气。作业时间应该安排得更有效率。”

这次，你再进行角色置换，站在孩子的角度去倾听，你的感受又是什么？当你意识到妈妈生气了，认识到自己的错误行为时，你决定试着做出些改变。

表达的愤怒的时候，一定要注意不要有掺杂任何有人身攻击或侮辱的词汇。海姆·G.吉诺特指出，不带侮辱地表达愤怒对父母来说是一个很有益的观念。掺杂了侮辱性词汇的愤怒表达方式会带来敌意，而弥补敌意造成的损失则需要父母花费更多的时间和精力。

例如，暑假时，孩子说要参加同学聚会，保证会在晚上8点半回家。结果，你给他打了好多电话，以至于后来电话关机了！同社区里的同学有的早就回家了，可他却因为和几个朋友去了游乐场，又在美食街待了很久，一直到晚上11点才回家。你会如何处理这件事？

如果你表达愤怒的时候说：“你这次晚归行为让我很生气，我们担心坏了。你知道吗，我们想到报警。你就是个不守信用的家伙，说好了8点半回来，结果呢？这样下去，你还能听谁的，你以为你是谁啊！你已经变坏了！”

在这里，虽然你表达了自己的愤怒，但因为描述的语言中掺加了“不守信用的家伙”“变坏”的标签，孩子不但不会理解你的愤怒，而且还会产生逆反心。但是，你可以换一种表达方式：“你这次晚归行为让我很生气，打你电话最后竟然关机，我们担心坏了。你知道吗，我们想到报警。说好了8点半回来，结果你回来时都11点了。这对我们来说不公平，我们现在心情很复杂。如果你能提前打个电话告诉我们一声也可以，但是我们还是希望以后你说到做到。”

在表达愤怒的时候，不加入任何人身攻击或侮辱性的语言，孩子就更能理解父母的愤怒，也会反省自己的行为。

用有效的解决方法来代替愤怒

当表达愤怒情绪之后，你还可以使用其他一些有效的解决问题的方法来代替愤怒。要记住，表达愤怒不是最终目的，而真正的最终目的是和孩子一起解决问题。对于一个事事拖延，不论怎么催促，就是没办法改正的孩子来说，什么样的解决方法更适合他呢？

当表达愤怒之后，不妨使用最后期限法给孩子制造一定的压力。关于这一点，卡内基梅隆大学的一位教授做过一个模拟交涉实验：回答者要回答一个问题，当限定30秒内回答时，回答者给出的答案是比较和善的；而当回答期限为3分钟或10分钟时，回答者所给出的条件就越来越恶劣。因此，这位教授认为，对于拖延者来说，设置严格的“最后期限”是十分必要的。

父母可以和孩子一起设置作业或其他任务的最后期限，也可以鼓励孩子自己设置，自我监督。以这种解决问题的方式来代替愤怒，父母和孩子之间的沟通就会更顺畅，孩子也会从拖延中学会成长。

3.像解决邻里矛盾那样处理十几岁孩子的问题

家长微信录

逃课、交女朋友、公然和老师顶嘴……孩子最近的行为简直要气炸我。我决定严肃地同他谈一谈，但又担心自己可能会因为无法控制情绪，将一场有效的交谈转化为一场寻求权力的报复性争吵。有什么好办法可以帮到我？

破解青春期孩子行为心理密码

面对青春期孩子一些糟糕的行为，父母觉得火冒三丈很正常。在这种负面情绪下，一场谈话沦为一场争吵的可能性几乎为百分之八十。如果父母能够控制自己的冲动情绪，能够像解决邻里矛盾一样理智，争执就能转化为一团和气。达娜 · 卡斯佩琪在其著作《改变对话》中，有一段这样的文字："即使其他人用攻击或反击的方式交流，我们也可以改变对话的本质……抵制攻击的冲动并不意味着我们没有保护自己，没有力量，而是意味着我们可以把我们在对话中的注意力从攻击转向更深层次上更重要的事情。也就是说，如果你知道你的终极目标是什么，你就可以把情绪从事件中暂时抽离出来。"

青春期孩子喜欢的沟通方式

如果必须要与青春期的孩子进行一次严肃的对话，父母就很有必要控制好自己的情绪，保持理智而不做出过度反应。这里有一些建议可以参考：

在对话前，先想象一番对话场景

在与有行为问题的孩子对话之前，父母可以在头脑中先预先想象一些对话时的情景。例如，对话的环境如何？对话时孩子可能会出现的反应？父母可能感受的消极反应以及应对策略是什么？

你可能会想象，在小区的花园里或者是家中的书房里同孩子对话。孩子会像往常一样，熟练地知道他只要一提起某件令人伤感的事，就能迅速激怒你，他正准备激怒你。你可能很想发火，但是你提醒自己，冷静，否则这场对话就毫无效果可言。

经过这番想象场景，有助于你在正式对话中控制你对话时的态度，对对话的内容和局面提前做好准备。

像解决邻里矛盾那样处理十几岁孩子的问题

你可能有过这样的经历，邻居家的狗总是在门前撒尿，邻居家的音乐开得太大，邻居家小孩总是大喊大叫，在地板上跑来跑去；邻居家经常将垃圾放在门口好几天……这些事情可能会影响到你的生活和心情。

这种情况下，你会怎么做？是去物业投诉吗？是报警吗？是推开邻居家的门大骂一顿吗？当然不是。因为你完全能够想象的出情绪失控所带来的糟糕后果。因此，你明白，最好的选择就是带着面具，冷静而理智地同邻居就事论事，甚至你很清楚，面部保持笑容能够达到更好的说服效果。

你可以试着像去解决邻里问题那样与孩子交谈，你要将孩子的行为问题看作一次邻里争执。你很清楚，当你与孩子之间开始争吵后，孩子的问题行为很难得到改善，对于解决问题是很不利的。而只有当你抽离事件之后，你们的对话才因为你冷静理智的情绪而得到有效改善。例如，你和儿子可以展开这样一场对话：

爸爸：儿子，这个周末放学后有什么安排？

儿子：准备先写家庭作业，然后放松一下。

爸爸：我准备和你约个时间，咱们好好聊一聊。

儿子：（警觉起来）是不是老师跟您说什么了？

爸爸：（冷静不反击。说出孩子心里的疑惑）对的，你们老师和我聊过关于你的一些事情，但现在不是讨论这些事情的时间。我们周末下午去你喜欢的那家餐厅如何？

儿子：（显得很苦恼）爸爸，应该没什么问题吧？我刚想起来，我和同学约好了下午去图书馆，要知道，我们学习很忙。

爸爸：（控制好情绪，将自己抽离，作为旁观者，不受他的干扰）可以是周六上午。或者你去图书馆回来之后，晚饭之前。

当正式谈话开始后：

爸爸：（营造一种开启对话的轻松气氛）儿子，我点了你喜欢吃的东西，怎么样，如果你准备好了，我们开始一边吃一边聊。

儿子：唉，我还得看会儿辅导书。

爸爸：（明知道儿子在逃避，但是还是像和邻居聊天一样，保持一种友好态度）儿子，不得不承认，你在运动、美术方面表现还不错，（列举出一些优点）但是我们需要在其他的一些事情上达成一致。我们来谈谈你最近在学校的事情吧，关于逃课、女朋友以及和老师顶嘴的事情。（保持立场，描述问题）上周你们老师约我谈了，事情是这样的……

儿子：（情绪有点激动）爸爸，这些并不是你想的那样！我逃课是因为我讨厌那个老师。我是喜欢上一个女同学，什么年代了！

爸爸：（控制情绪，想象就像在和邻居商讨问题）我理解你的感受，枯燥的课、烦人的老师……的确很难受。我和你妈妈经过讨论，我们希望你做到这样几件事（说出你的期望）……

儿子：（不再抵触）好吧，我希望我能做到。

4.承认→承担→和好→解决

家长微信录

儿子还有一年时间就要高考，他显然没有将精力放在学习上，他说成绩中等就可以了。但是以他目前这样的成绩，根本不可能上他喜欢的那所大学。为了督促他学习，我和他都搬到了书房工作学习。但他却告诉我："妈妈，您让我觉得压力重重。我不过是你实现自己梦想的工具。"我知道自己错了，该如何去与他沟通？

破解青春期孩子行为心理密码

在养育青春期孩子的过程中，父母也会犯一些错误。父母可能发现自己以前的一些教育方式只不过是自以为是罢了，根本没有发挥任何作用，甚至有时候还起到相反的作用。父母可能会因此内疚、自责。其实，这些错误正是父母学习的机会。

正面管教教育学家简·尼尔森创造了4个R矫正法。他指出，当父母犯错时，可以使用4个R帮助化解与孩子之间的冲突，使亲子关系重归于好。所谓4个R矫正错误法即：承认（Recognition）、承担责任（Responsibility）、和好（Reconciliation）、解决问题（Resolution）。

青春期孩子喜欢的沟通方式

4个R矫正错误法具体来说："承认"即需要承认自己采取了错误或无效的教养方式；"承担责任"即要看到自己是如何教养才导致孩子的叛逆与对抗，找到原因，并愿意为此承担责任；"和好"即要就自己的错误教养方式向孩子道歉，取得孩子的谅解；"解决问题"即当承认错误并得到

孩子的谅解后，接下去，你们可以通过头脑风暴的方式一起想出解决问题的方法。

我们以这位妈妈和儿子之间的沟通来说，妈妈为了督促他学习，将自己和儿子的学习和工作都搬到了书房。她迫切希望通过这种监督来管制孩子，或者说通过妈妈努力工作对孩子产生积极的影响力。但是妈妈却忽略了处于高二下学期的孩子虽然还有一年时间高考，但是在学校、家中，到处都已经能够感受到一种紧张压力感。此时，妈妈的做法无疑是为孩子增加了更多的压力。妈妈已经意识到这种错误，并迫切希望改变。

妈妈不妨先反思几个问题：你为什么迫切希望孩子能够迅速改变目前的成绩现状？是否真的如同孩子所说，你曾经的梦想没有实现，所以想让他替你实现？你监督他学习的行为是否存在严重的焦虑感？在你通过反思想明白之后，你可以利用4个R逻辑来与孩子再次进行沟通。在进行沟通之前，请记住这样三条原则：

你想获得孩子的尊重与理解，你就要理解和尊重孩子。

要让孩子明白，对你来说，什么才是最重要的。

要明白对于孩子来说，什么才是最重要的。

你们之间可能会有这样一次谈话：

妈妈：对不起，我的做法是从自己的角度出发，并没有考虑到你的感受，反而给你造成了压力感。（承认错误）

儿子：没关系。

妈妈：你说得对，我上高中时没有好好学习，因为总希望你别像当时的我那样。我确实充满了焦虑感，无形中也将这种焦虑感传递给你。我对你的过分控制很显然激化了你的行为。（承担责任）

儿子：的确，不过，我已经原谅你了。（和好）

妈妈： 对我来说，你取得好成绩，能够进入你喜欢的学校，真的很重

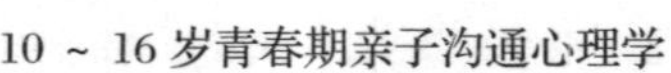

要。但你是怎么想的呢？

儿子：我当然也希望成绩好一些。我也有不对的地方，学习没有计划，上课有时候会走神。有时候，我也会担心考不进我想去的那所大学。

妈妈：我们可以一起想办法。你觉得我从哪方面能帮到你？（解决问题）

儿子：参与我的学习计划制订吧，还有以后可不可以少提高考的事，每天学校里都能看到高考倒计时，回家还是这个问题。压力真的很大啊！

妈妈：我能理解你的感受。好吧，咱们来研究一下接下去的学习计划。

5.运用自然后果法给予孩子自我修正的机会

家长微信录

女儿从来不会主动洗自己的衣服，甚至也懒得将脏衣服放在洗衣篮中，收拾房间更不在她的活动范围内。她已经15岁了，而我都45岁了。我并不想总是帮她，但每次唠叨都不管用，我也不知道怎么沟通才能让她意识到，应该自己做力所能及的事情，以及应该为妈妈分担家务。

破解青春期孩子行为心理密码

这位妈妈可以使用自然后果法来给予孩子自我修正的机会。所谓自然后果法，是19世纪法国教育家卢梭提出的，即如果孩子犯了错，造成了不良的后果，让他亲身体验并承担自己所犯错误造成的不良后果，并从错误中学习与完善自己。

已经进入青春期的孩子们，父母更要注意，成长是无法代劳的。替孩子摆平一切，往往会使得孩子心理成长缓慢，长大后很难适应社会生活。父母需要尽可能为孩子提供自我成长的机会。自然后果法强调“自然”，让孩子顺应自然规律去成长、体验，学会为自己的行为承担后果，变得独立、坚强、有责任心、自信。自然后果法有利于孩子长大之后顺利应对社会生活。

青春期孩子喜欢的沟通方式

如果你出门忘记正在打开的水龙头，会发生什么事情呢？可能是水哗哗流半天，水量字数归零；也可能是水太多漫到了地上，浸坏了地板。这是你健忘所发生的自然后果。你在日后会吸取这种教训，下次水龙头不用了就关掉。孩子也会有各种各样的行为问题，如果我们让孩子自己体验行为所带来的后果，会怎么样呢？

教育家鲁道夫·德雷克斯说：“利用自然后果让孩子体验行为后果，可以为孩子提供真实和诚实的学习机会。使用合理的结果，需要我们转变思维，我们不能把自己的意愿强加给孩子，不能强迫，而是要激发他们的健康行为。”在使用自然后果法时，这里有点小建议，以供参考。

使用自然后果时的沟通方式

当使用自然后果法与孩子沟通时，父母需要做的不是拿各种条件和后果来威胁或阻止孩子的行为，而是告知孩子关于行为所造成的后果，让孩子自己做出选择。鲁道夫·德雷克斯说：“关键是我们措辞的目的，是让孩子感觉到自己有能力克服这个困难，而不是我们替孩子决定，让他做我们想让他做的事。”

针对孩子从不自己主动洗衣服，也从不收拾房间的行为，父母可以这样使用自然后果法来与她沟通。

你可以事先告诉女儿："你已经长大了，妈妈相信你能够对自己的事情负责。洗衣服、收拾你的房间，这些是你力所能及的事情，你以后要自己做。"（表达你的决定）

对于习惯了一切依赖妈妈的女儿来说，自己做这些事情自然不是很容易的，她肯定会有一定的抵触情绪，这会导致她穿了一周的衣服拿回家后，如果她自己不洗干，下周就没有干净的衣服穿。而她的房间，如果她自己不收拾，房间会乱成一团，同学来了也会很尴尬。

当女儿再次央求你帮她洗衣服时，无论是什么理由，你都可以先认同她的情绪，然后坚决给予拒绝。你的说辞可以是这样的："穿脏的衣服继续穿一周肯定不好受。这周邀请伙伴们来家里写作业，你自然也不愿意他们看到你的房间乱成一团。但我不愿意帮你了，这些是你自己的事，我相信你能处理好。"

女儿可能会不情愿地去做这些事情，也可能会因为一些事情最终还是忘记了。那就让她体验自然后果。星期一的早上，她可能发现校服忘了洗，但上学又必须穿。结果她因为洗衣服而迟到了，但经过这次自然后果之后，她不愿意再因为衣服的事情耽误上学。

使用自然后果沟通法时的注意事项

虽然自然后果能给予孩子自我修正的机会，但自然后果有一定的适用性，并不是所有时候都适合用自然后果法。在这样一些情况下，父母不要使用自然后果法。

第一种情况：父母认为的行为问题在孩子看来根本就没问题。如果孩子特别喜欢吃垃圾食品，他并没有意识到垃圾食品的害处。这种情况下，不要使用自然后果法，而是应该寻找机会，可以通过媒体、网络、报纸、周围发生的事情等，让孩子自己意识到垃圾食品的危害。

第二种情况：当自然后果中的"后果"会给孩子带来危险时。例如，

我们不能让青春期的孩子体验喝酒、吸毒等不良行为带来的后果。

第三种情况：自然后果的“后果”虽然对自己无害，却会对他人产生负面影响。例如当十几岁的孩子玩街头涂鸦时，虽然对自己没什么害处，但是对公共环境造成了一定的影响。

6.逻辑后果的正确使用方法

家长微信录

老师邀我和一位家长去学校办公室谈话，是关于我儿子和另一个孩子打架的问题。他们俩本来关系还不错，争执的原因竟然是为了一个女生！这让我和另一位家长都很恼火。老师要求他们俩写检讨，建议家庭对他们进行严格说教并看管。但真的会有效吗？持怀疑态度。

破解青春期孩子行为心理密码

这位家长的怀疑是有价值的。对于叛逆心很重的青春期孩子来说，惩罚很难让孩子们自发自觉意识到自己的错误行为，甚至会激发他们的负面情绪。教育家简·尼尔森认为，惩罚会引发孩子的四种心理，即愤恨、报复、反叛与退缩。孩子会表现得不容易信任大人，会想尽办法来进行报复；会与大人对着干，会降低自我评价或采取其他回避性的行为。

那么，什么样的沟通方式更适用于这种情况？可以试试逻辑后果法。所谓逻辑后果法，即当我们知道孩子某种行为的目的时，再加以采取相应的措施，让孩子认识到错误行为并从中学习到经验、教训等，帮助孩子有效解决问题。

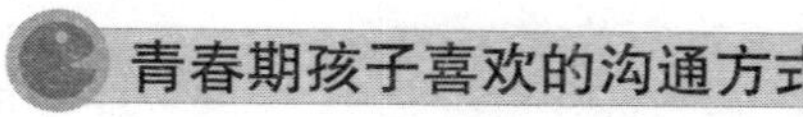

青春期孩子喜欢的沟通方式

孩子们会对逻辑后果做出积极回应，但是会对惩罚做出反抗、抵触等消极的回应。逻辑后果运用不当的情况下，很容易演变为惩罚。例如，当你本来想使用逻辑后果的方法时，却在沟通中加入了你的恐吓、愤怒等情绪，那么逻辑后果法就不再起作用了，它转变成了惩罚。看这样两段沟通话语：

“落落，我对你在地板上列算式的行为很生气，你难道还以为自己是三四岁的孩子，你都十三四了！立即擦干净！”“你怎么就是记不住这首古诗，自罚30遍，30遍不够就60遍，再笨的人都可以背诵过了。”

当孩子在沟通中感受到的是惩罚时，这种批评方式是难激励孩子对错误行为进行修正，甚至会起到相反的作用。在这里需要指出，当父母使用逻辑后果法与孩子沟通时，需要掌握一些要点。

逻辑后果的四要素

逻辑后果的四要素，包括相关、尊重、合理与预先告知。“相关”是指后果与行为相关；“尊重”是指秉承尊重的态度，和善并且坚定地执行，不掺杂侮辱、责骂等情绪；“合理”是指孩子和大人都认为后果是合理的；“预先告知”是指提前告诉孩子他所选择的行为所能引发的结果。在逻辑后果沟通中，必须具备四要素，违背了其中任一要素，逻辑后果就会走向惩罚。

孩子在家庭作业方面总是丢三落四，不是不写，而是每次写作业总会有漏题现象。父母与其进行逻辑后果式沟通时，其后果就是，孩子不再丢三落四。但如果在使用逻辑后果沟通方式时，遗落了任何一种要素，逻辑后果就不再是逻辑后果。我们来看这几种情况：

第一种情况，妈妈只看到孩子的行为，但忽略了相关行为后果。“孩

子，你的家庭作业总是丢三落四，你或许该换一张桌子。”孩子行为引发的后果相关性较差，不会引起孩子的重视。

第二种情况，妈妈不尊重孩子，在要求孩子写作业时加入了一些负面批评语言。“孩子，你怎么就这么笨，让我说多少遍，现在，立即，马上，全神贯注去写，减少丢三落四的现象。否则，你让我失望至极。”孩子没有被尊重，孩子会有抵触心理。

第三种情况，妈妈不合理，要求孩子再次犯了写作业漏题的错误后，就必须罚写10遍，以确保孩子接受教训。这种情况下，逻辑后果无从谈起，名副其实的惩罚。

第四种情况，没有预先告知孩子后果，容易被孩子理解为惩罚。“你为什么不反省自己丢三落四？这样下去，你长大以后怎么办？”妈妈随意定义孩子未来，但孩子不明确家庭作业丢三落四带来的后果，所以无法理解妈妈的情绪。

从行为的错误目的出发来使用逻辑后果

只有当孩子的错误行为目的是寻求关注时，逻辑后果沟通法才能发挥最大效用。当孩子错误行为的目的是寻求权利或报复时，应在解决问题阶段使用逻辑后果沟通法。

一位青春期美丽女孩，从来不会将心思用于学习，她把大把的时间花在打扮上，花在和不同的男孩约会上，花在网络游戏上。她耳朵上打了好几个耳洞，肚脐上也有。她的父母工作特别忙，不知道曾经的乖乖女为什么变成现在这样。他们一方面感到恼怒，一方面又觉得十分愧疚。妈妈甚至辞掉工作来管教女儿，可这又如何，女儿又增长了说谎的本领，行为上没有任何改变。

这是一个典型的寻求关注的女孩。心理学家鲁道夫·德雷克斯说：“当我们不再对孩子要求过度关注给予回应，我们必须在他们合作及表现好时给予恰当的鼓励，这样才能帮助孩子重新审视自己的行为，确立自己的价值。”

女孩的父母可以用逻辑后果法来与女孩沟通，针对其行为目的，秉承尊重的原则，和善而坚定地预先告知其问题行为所引发的合理后果，提供给孩子选择，赢得孩子的合作。

7.表达感受→弥补失误→提供选择→采取行动

家长微信录

吃完晚饭后，接到老师的一个电话：“米露妈妈吧？上次让米露通知您今天来学校一趟，您知道这事情吧？”我当然不知道，因为我压根就没有得到任何消息。我和老师通过电话后才知道，米露有一个多月都不写作业了。对于她的这种说谎行为，我很想让她禁足一个月。但知道这种惩罚是不会有效果的。我该怎么教育她？

破解青春期孩子行为心理密码

许多父母都相信，如果一个孩子做错事而不去惩罚他，那是对孩子的不负责任。于是父母们总是一边惩罚孩子，一边告诉孩子“这都是为了你好”。

对于青春期的孩子而言，严厉的带有强烈权威色彩的惩罚是很难有效果的。有的时候，它会使孩子变得易怒、沮丧、没有自信。也有的时候，不当的惩罚甚至会有引发孩子的对抗行为，或者引起一连串的报复，他们并没有变得更诚实，而是变得更警觉，更诡诈，更防御。

有时候，父母会认为惩罚是在管教孩子，其实这两者之间并不对等。事实上，在一个基于尊重、互爱的管教环境里，并没有惩罚，而是有更多代替惩罚的方法。

青春期孩子喜欢的沟通方式

当父母决定放弃严厉惩罚这种手段时，孩子并不会变得自私自利、缺乏管教、不明是非。相反，如果恰当使用一些代替惩罚的方法，反而会让孩子学会在错误中承担责任，能够更好地自我管理。父母们可以采取“表达感受、弥补失误、提供选择、采取行动”这样的方法来代替惩罚。

在咨询中，遇到过这样一对母子。儿子一旦犯了错，妈妈就会动用家法，跪搓板，打屁股，禁足，一个月之内不能看电视等，各种惩罚手段花样百出。这些惩罚当然是无效的，甚至儿子到了青春期之后，就越发叛逆，母子之间的关系严重恶化。当这位妈妈采取了“表达感受、弥补失误、提供选择、采取行动”这种代替惩罚的方法后，母子之间的关系两个月内有了很大的改善，儿子的表现也比以前好了很多。我们以他们之间关于作业的一次对话为例：

表达感受

妈妈：小贺，我真难受，才知道你一直跟我说谎。你的家庭作业这一个月来根本就没有完成过。我生气的是，你一直让我相信你最近表现很好。

儿子：妈妈，因为要开运动会了，我是班里的运动主力，每天需要花费时间来练习。当然因为还有学校里其他一些事情要忙，例如监督班级纪律，这使得我压力很大，再加上家庭作业量也大，我就很难完成了。

弥补失误

妈妈：我希望你能安排好时间，考虑好各个事情之间的优先顺序。

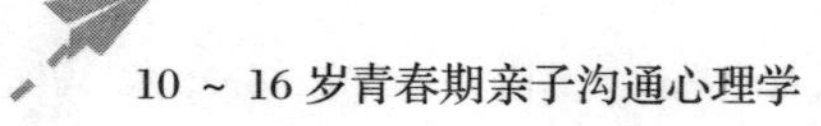

儿子：可是，很难。

妈妈：我也希望你能够做到诚实守信，按照我们之前的约定来有条不紊地安排学习与业余活动时间。

儿子：可是，我又没有三头六臂。

妈妈：你要补上这个月丢掉的功课以及家庭作业。如果你平时需要训练与监督纪录，你可以利用周末休息的时间来弥补学习上的失误。

儿子：还是等运动会过完之后吧。

提供选择

妈妈：你可以选择放弃运动会的准备工作，全心弥补丢掉的功课与作业。

儿子：我不想放弃运动会。

妈妈：那就想办法平衡这两者。我相信你可以做到。

采取行动

妈妈：小贺，我向你们老师打听了，她说你的作业情况是时好时坏，前两个星期还能认真去写，现在又马马虎虎应付了事。

儿子：妈妈，要知道，下周运动会就开始了。这几天很重要。还有，学校发生了一些事情，我作为班级纪检委员，任务更重了。

妈妈：这么说来，又是运动会与职位影响了学习。我认为你有必要卸掉职位，并且放弃关于参加运动会的训练。

儿子：妈妈，这样不公平。我不想这样。

妈妈：你可以制定一个时间计划表，保证在完成作业的情况下，做好你的纪检职位，又能保证参加运动会项目的训练时间就好。这样一来，既不会影响你的学习，还能做点自己喜欢的事情。

8.不会造成对立的“1∶5法则”

家长微信录

儿子都已经是初中三年级学生了，可每次都要为他的家庭作业心烦。事实上，小学阶段家庭作业习惯还不错。但初中后就像是变了一个人，也不知道每天要批评、提醒多少遍，都没有丝毫的改观，每次照样是作业态度极差，根本无法集中注意力在学习上，动不动就做起白日梦。

破解青春期孩子行为心理密码

十几岁的孩子好奇心很强，难以抵抗外界的各种诱惑。韩国一位心理学家做过一个实验，向青少年和成年人展示20张动物图片，然后要求他们从之后呈现的60张照片中找到自己之前看到的照片。其中一组照片背景没有经过处理，另一组照片的背景被处理过。结果显示，成年人的准确率是青少年的3倍左右。眼动仪显示，成年人没有过多受到背景的影响，而青少年则在背景上分散了太多的注意力。

可以说，十几岁的孩子在注意力方面无法达到成人的水平，这种行为表现在学习上，就会出现注意力不集中的行为。这种行为并不能说明他不努力学习，而是自然成长的过程。如果父母对孩子的注意力要求过于严苛，孩子一旦注意力分散就会得到批评、提醒或指责，这不但无助于培养孩子的注意力，反而引发孩子更严重的行为问题。

青春期孩子喜欢的沟通方式

心理学家韦格纳曾从一项实验中得出这样一个结论：越是不允许人们去想他们看到的白熊，他们想起白熊的次数就越多。对于青春期的孩子来说，越是批评禁止他们的某些行为，反而会激发他们的叛逆心，某种错误的行为就越发变得严重。

倘若青春期的孩子每天写作业的时候，就会面临无休止的批评、提醒，他肯定对此感到厌倦，自然而然采取对抗的态度，由此，父母与孩子之间的沟通也会陷入一种恶性循环之中。那么，针对孩子的错误行为，如何批评才能起到正向的激励作用？

批评时的1：5法则

一位教师经过多年的教育研究实践，提出一种法则——批评与表扬的1∶5法则。即在每次批评1次之前，要先表扬过5次。

这位教师在办辅导学校时，曾遇到过一个初中三年级的女孩。这个女孩个性叛逆，煽动同学扰乱课堂秩序，甚至还会和同学打架。他对这个女生感到很无奈，经常批评她，情况越来越糟糕，最终，只要这个女生在，全班同学都别想好好写作业。

这位教师反思自己与这个女生沟通的细节，发现一个很严重的问题：他总是批评、提醒这位女生，诸如“别说话了，影响其他人”“请赶紧回到自己的座位”“你又迟到了！能不能按时来上课”……

这位教师意识到，频繁的批评使双方发生恶评。他决定以后每次批评这个女生之前，要先表扬她5次。在接下去的时间里，他抓住每一次小小的机会来表扬她。诸如，“课间休息时间还在学习，不简单啊！”“今天你上课听课很认真，要是一直这样就好了。”当然，他还是会偶尔批评这位女生。但情况发生了变化，女孩子更愿意接受老师的批评，更愿意去修正一些错误行为。在这个过程中，师生之间的关系也和谐了。

共鸣→批评→点到为止，指出方向

批评最忌讳的是穷追不舍，而这一点又是很多父母都会犯的错误。父母批评孩子的目的无非是想让孩子从错误行为中得到教训，更好地成长。

但是，如果批评的时候是紧追不舍，不停地责备，那么这种批评非但无效，反而会引发孩子的对抗。

在咨询中，一位妈妈在叙述自己如何批评女儿时，说：“我总是会紧追不舍，当看到说了她一两句，她丝毫没有反应时，我就心急了，于是批评的话语跟机关枪一样不停地发出来，诸如，‘你怎么这样啊，我的话你听到没有’‘为什么会这样，一定要找出原因’‘你肯定还有别的方面的问题’……”

当这些带有责备意味的批评噼里啪啦不停下时，她的女儿会怎样想？孩子起初可能已经意识到错误，但经过这样一番批评后，她的逃避心理与叛逆心理就占了上风，越发听不进去批评的话，甚至开始讨厌妈妈。那这位妈妈应该怎么做呢？建议她可以按照三个步骤来做：

第一步：共鸣。面对孩子的问题，先要产生共鸣，对孩子的情绪感受进行认同。“那的确不好受。我上初中时，也遇到过这种情况，当时……”

第二步：批评。描述出孩子的错误行为，表达出你的情绪，并说出你的期望。“你经常不写家庭作业，这让我感觉生气。我希望你能够按照我们之前的学习计划进行安排。”

第三步：点到为止，指出方向。当孩子意识到错误时，请停止无休止的批评。此时，你可以引导孩子想办法解决问题。“让我们一起来想一些能提高学习效率的方法，可能有些办法的确会帮到你。”

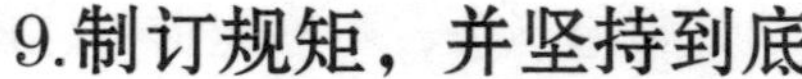

9.制订规矩，并坚持到底

家长微信录

孩子的网瘾越来越厉害，性格也变得很差。他根本听不进去劝告。这个暑假，我正打算将孩子送往一个帮助青少年戒除网瘾的机构。但据说此类机构目前还有很多并不完善的地方，我又担心将孩子送到那里会给孩子身心造成不好的影响。到底怎么办才好?

破解青春期孩子行为心理密码

早在2010年，马里兰大学的一位教授苏珊·莫勒就做过一个实验。她对学生们提出了这样的要求:在24小时时间段中，不碰任何媒体， 24小时后写下自己的感受。不久之后，她将此实验范围扩大为12个国家，近千名学生。调查结果发现，世界各地的学生面对这种情况，大部分的表达词汇为：发疯了、傻了、快死了、空虚、麻木、无聊、难以忍受、孤独、焦虑、抓狂、受到虐待等。

电子产品在不断迭代过程中，也在不断触发并激活孩子们大脑奖赏中枢的一系列神经过程，使孩子们神经递质释放让他们感到放松愉悦的多巴胺。而这种愉悦的感觉会使孩子们愿意不断投入更多精力在手机、电脑上，进而进入上瘾模式。越来越多的科学研究论证，过度沉迷电子产品所营造的虚拟世界，会对青少年的心境产生一定的负面影响，使其患上“科技成瘾综合征”。其中，抑郁、焦虑、注意力不集中、学习成绩下滑等为这种科技上瘾综合征常见的心境障碍。

青春期孩子喜欢的沟通方式

十几岁的孩子适度、安全、平衡地使用电子产品，可以为他提供一定的放松娱乐以及一些有益的知识，有利于培养一些技能。但如果过度使用，甚至沉迷，就会造成严重的问题。

对于网络游戏上瘾或有其他上瘾倾向的十几岁孩子来说，如果你选择独断式严令禁止的负面管教，就必须认识到一个问题，处于叛逆期的十几岁孩子很容易受到“禁果”的激励，反而更加变本加厉。因此，想让孩子摆脱各种上瘾心理的关键是，制定一定的惯例或规则，以此来指导十几岁的孩子做出正确决定。同时，以惯例或规则来发展他们的自律，使他们顺利度过“从他律向自律发展的转变期”。

让孩子参与制定惯例与规则

对于十几岁的孩子来说，如果惯例或规则是父母强加给他们的，那么惯例和规则很难发挥应有的作用。而如果孩子们参与了惯例或规则的制定，他们参与度越高，他们遵守这些管理和规则的可能性就越大。

上初二的卓阳有段时间迷上了一部非常流行的网络游戏。上课想，下课想，吃饭想，甚至睡觉做梦都梦到。他爸爸和他商量之后，两个人用头脑风暴的方法各自列出了十条规矩，然后他们俩都对对方列出的规矩进行评分，评分为8分以上的规矩则定为惯例。最后让他们能达成一致的规矩大致如下：

（1）电视、电脑放在客厅或书房，家里所有人都没有单独的电子产品使用空间。

（2）在晚上入睡前，全家人都要将手机、iPad等放在固定的地方，谁都不能带进卧室霸屏。

（3）在电子产品使用时间方面，星期一至星期五每天能玩半小时手机或电脑（纯娱乐或社交），周六一天用在电脑或手机上的时间为一个半小时。

（4）周日为家庭无电子日。在这个日子里全家可以做的事情有：一起旅行、看电影、购物、听音乐会或者开家庭会议等。

（5）在电子产品的付费方面，各自事先支付自己所使用的服务的费用。

（6）关于电子产品的分享、维护、使用方面，在每个月的家庭会议上进行讨论表决。

因为卓阳参与制定了大部分规矩，所以他很愿意遵守规矩。又因为在这些规矩中加入了一些家庭互动，因此，卓阳长期置身于温馨、和谐、积极的家庭环境中，慢慢地走出了虚拟世界，上瘾症自然而然消失了。

解除坚持到底的阻力

不要指望十几岁的孩子能够完全遵守你们之间的规定，对于已经对一些不良行为严重上瘾的孩子们来说，则要采取一种和善而坚定的态度，与孩子进行友好地讨论，探讨出现的阻力，记住你要多听少说。在找到问题后，继续用头脑风暴的方式一起想办法解决，要找到你们共同喜欢的解决方法。要共同制订出一个最后期限，并制订出不遵守最后期限所应承担的责任。

14岁的朵朵并没有像答应的那样少看电视剧，她依然为一些电视剧疯狂到茶饭不思。于是妈妈准备和她谈谈：“我想和你聊聊电视剧的事情，我们吃过晚饭后散步时聊。”当她们散步时，朵朵说出她愿意按照之前的惯例走，但当同学们都在讨论某部热剧的时候，自己就有点忍不住犯规。于是妈妈说：“那我们来一起想办法解决这个问题。”母女俩通过头脑风暴法找到了一个共同喜欢的解决方法：在电视剧时间做喜欢的事情——画画。她们又约定了，如果无法遵守规则，则要承担相应的责任，那就是负责家庭的阅读安排。结果，朵朵比想象的要自律了许多。

当十几岁的孩子很难坚持惯例或规则时，你可以鼓励十几岁的孩子自己制订自己的一些计划，做一些自己感兴趣的其他事情，诸如画画，弹吉他等。另外，要严格限制十几岁孩子上瘾行为的出现频率。十几岁孩子一开始可能有强烈的抵触情绪，你可以采取我们之前提到的“积极的暂停”，给孩子情绪以缓冲的时间。过段时间后，孩子就能自己找到解决问题的办法。

第七章

激励：赋予孩子技能与力量

“唤醒、激励、鼓舞”无论在学校还是家庭教育中，都是至关重要的。父母深谙此理论，因此，很多父母经常对孩子说：“你是最聪明的。”“你太受欢迎了。”“了不起！”……但是父母的初衷是好的，却用错了激励的方法。

真正的激励，是用基于爱、信任、尊重的话语与孩子沟通；是对孩子进行建设性的称赞；是用孩子感兴趣的事情激励其成长；是利用恰当的机会赋予孩子技能与力量；是没有贿赂与功利的，如同朋友般并肩作战。激励的背后，是父母的理解、尊重与真诚。

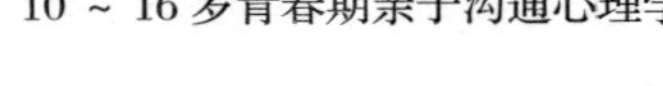

1.包办式沟通VS赋予力量式沟通

家长微信录

我总是为孩子交朋友的问题担心。她一点也不像周围的孩子那样热衷于参加各种团体活动，她也不会和其他女孩子一样，三五成群，有自己的小团体。她太孤僻了，只有一个朋友。我多次劝说她应该多结交一些朋友，应该参加一些有益的集体活动。可她始终无动于衷，如何是好?

破解青春期孩子行为心理密码

可以看出，上面这个孩子性格偏内向。这时父母需要做的并不是包办式的沟通，侵入孩子的生活，把孩子“赶出去”，迫使她去认识更多的朋友，而是与孩子之间赋予力量式的沟通，接受孩子的风格，为孩子提供更多的机会。事实上，很多父母也是如此，他们与孩子沟通偏重于包办式沟通，很难做到赋予力量式沟通。

包办式沟通是一种基于恐惧、内疚、愧疚等负面情绪下的沟通方式，包办式沟通习惯于为孩子安排好一切，对孩子的生活进行过多的干预、控制，使孩子获得自我成长的机会大大减少。而赋予力量式沟通是基于信任、爱与尊重等正面情绪下的沟通方式。赋予力量式沟通并不会侵入孩子的生活，而是会得体地站在旁边，随时准备给予支持和鼓励，赋予孩子更多从错误中成长的机会。

青春期孩子喜欢的沟通方式

在赋予力量与包办之间，很多父母会自然而然选择包办。早晨叫醒孩子起床，为孩子洗衣、做饭、挑选衣服，从不让孩子做家务，给孩子收拾书包，去学校送作业……他们一边做孩子的佣人，一边经常说些这样的话：

“你怎么总是丢三落四的，都十五六岁的孩子了，还是没长进。”

“如果你能认真写家庭作业，我就给你买你喜欢的衣服。”

“不让你做家务，也不让你做饭，有了这么多学习时间怎么还是不行呢？”

“你被禁足一个月，好好反省去吧！”

“你做什么事情都拖延，我不敢想象你以后会变成什么样子。这次就算了，下不为例。”

“你的时间都去哪儿了？看电视，玩游戏，微信聊天，睡懒觉……你再不振作起来怎么行呢，你难道还指望啃老？”

……

这些包办式的话语，无非在骄纵与惩罚之间摇摆，却丝毫没有对孩子的充分尊重，也没有对孩子耐心倾听。当孩子听到这些包办式的话语后是什么感觉？他会愿意从错误中吸取教训，迅速成长吗？孩子们更多的感受是愤怒、反抗、没兴趣去改变。

从包办式沟通到赋予力量式沟通

青春期的孩子喜欢的是什么样的沟通方式？赋予力量式的沟通方式。接触过这样一对母子，孩子要退学，妈妈心急如焚。事情是这样的：

当男孩和妈妈一起来咨询时，妈妈不由分说，就开始倾诉苦水：“他就是懒，怕吃苦，不肯努力学习。当初进入这所学校很不容易，我们卖了郊区舒服的大房子，换了又小又破的学区房。可他进了这所学校，就没一天消停过，动不动就想退学……”

我先让男孩的妈妈在休息室休息，然后询问男孩的想法。男孩起初说就是不想学习了，后来我顺着他的情绪讨论起学生们不喜欢学习的话题，是以一种很轻松的态度说的。男孩放松下来后， 就说出了心里话，原来他不适应这所重点中学的学习节奏，同学们也都是除了忙学校的学习，就是忙各种才艺训练。他与别人的差距很大，因此，常常觉得很孤独。而爸爸妈妈知道他的状况后，通常会严厉地责骂他，说他不争气，让父母失望等。

当了解到原因后，我并没有去和他妈妈一同说服他不要退学，而是指出了他妈妈沟通上存在的问题，并建议她用赋予力量的对话来沟通。后来男孩的状况就好了许多，虽然与同学们差距很大，但他开始慢慢努力学习，他更有信心了，他渐渐喜欢上这所能让他学到很多知识和技能的学校。

那么，赋予力量式的沟通应该怎么做呢？父母在与孩子沟通的时候，要多站在孩子的角度，说出对于孩子来说具有鼓励与支持的话语。父母不妨参考体会这样的对话方式：

“你对丢三落四的行为有什么想法？你愿意听听我的感受吗？我们可以一起想办法来解决这个问题。”

“我想听听每天按计划写家庭作业对你来说意味着什么？”

“要知道，我们爱你，并且支持你的选择。”

“让我们一起来制订一个关于做家务的惯例吧！”

“你的这种打架行为让我觉得愤怒，因为它伤害了同学间的感情。我希望你能够思考用来代替打架的谈判方式。”

“看得出，你被那个女孩拒绝后心情一直很低落，我相信你会走出来

的，并清楚接下来什么才是最重要的事情。”

“我希望你高中后能够进入大学学习，但我不确定上大学这件事对于你来说意味着什么。我很愿意同你谈谈关于上大学的计划与想法。”

当十几岁的孩子听到这样的对话时，他们的感受是自己被赋予了力量，他们会认为父母是爱自己的，对自己充满信心。他们更愿意独立思考，承担责任，从错误中学习与成长。

每次一小步，迈出一大步

如果你想让孩子变得独立，自律，有责任感，自信，有勇气，善于合作，那么你在沟通上要自始至终秉承赋予力量式的沟通方式——每次一小步，迈出一大步。

当十几岁孩子想要更多的零花时，父母的赋予力量式沟通方式可以先是“迈出一小步”，包括，在沟通时不要将零花钱与家务活挂钩；要让孩子从花钱中学习，而不是任意满足孩子的需求；如果孩子向你借钱，要与孩子之间建立一种信誉关系，而且不要借出去太多。

赋予力量式沟通的“迈出一大步”包括，让孩子明白零花钱如何用才合理，懂得规划零花钱；充分信任孩子能够按照你们共同想出的零花钱策略进行规划等。

也就是说，赋予力量式沟通从当下看，是从一些细节处出发，赋予孩子力量；而从长远看，是要鼓励并支持孩子发展自己解决问题的能力，从而使孩子具备更多生活技能与有益的品质。

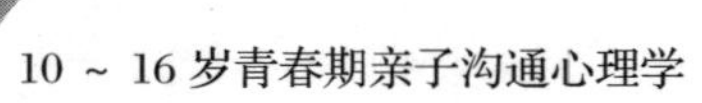

2.破坏性的赞扬与建设性的赞扬

家长微信录

每当孩子取得一些成绩的时候，我都会不失时机地夸赞他："你真棒！""你真聪明！""我为你感到骄傲！""你将来会成为一个了不起的人！"可我也发现，这种称赞似乎给青春期的孩子造成了不必要的压力，他虽然在别人看来很优秀，但骨子里却相当自卑。我是称赞得不够，还是称赞得太多？

破解青春期孩子行为心理密码

这位父母不是称赞得不够或太多，而是称赞的方式出错了。的确，在家庭教育方面，称赞一直是备受推崇的。称赞能够帮助人们建立自信、安全感，激发学习的动机与积极性。但是，并非所有的称赞都是对的。否则所有的缺乏学习动力的孩子都能获得激励，所有行为不良的孩子都会幡然醒悟。

显然，有的称赞是破坏性称赞，而有的称赞则是建设性称赞。教育学家海姆 · G.吉诺特认为，评价人品或性格的称赞是令人不快的、不安全的，是破坏性称赞；描述努力、成就、感受的称赞则是有益的、安全的，是建设性称赞。

青春期孩子喜欢的沟通方式

如今，确实有越来越多的父母更加考虑孩子自身的感受，希望用称赞使孩子感受到自己的支持与鼓励，从而更加自信、努力与快乐。但是赏识教育中的称赞显然不是简单且随意的夸赞"你真棒""你真聪明"之类的

话。要明白，破坏性的称赞无助于孩子建立自信，发挥自己的力量；而只有建设性的称赞才能达到好的教育沟通效果。

“你真棒”“你太诚实了”“你总是那么慷慨”“你一如既往地体贴”“你最聪明”等类似的破坏性称赞会给孩子造成一定的焦虑感，成为孩子的负担，毕竟没有人总能始终如一保持真棒、诚实、慷慨、体贴，也并不总是最聪明的。

当我们用描述性语言去称赞青春期孩子所做的事情、成就、努力、感受等因素时，孩子会从描述中得出有关他的人品和性格的总结，孩子会调动自我积极性，不断完善自己。那么，具体如何进行建设性称赞呢？

称赞他所做的事，而非称赞本人

在一次家庭咨询中，有一位女孩抱怨说：“妈妈总说我在绘画方面有天赋，将来会了不起，可是学校和社区里，比我画画好的孩子有那么十几个，况且世界上古往今来，著名画家不胜枚举，我压力特别大，对未来感到恐惧，甚至想放弃绘画……”

为什么会这样？无疑，这位妈妈的称赞模式是破坏性的。但是如果妈妈改变称赞模式，称赞女儿的作品本身或称赞女儿为绘画做出的努力，而不是称赞她本人，结果会怎么样呢？我们来看：

当女孩花了半天时间画出一幅关于春天的水彩画时，她妈妈这样说：

“我喜欢你的这幅画，女儿，你知道吗，当我看到栩栩如生的蝴蝶在明媚的春光里翩然起舞，鹅黄色的柳叶随风摇曳，池塘里的鱼儿们快乐地游动时，我仿佛就坐在旁边的座椅上，望着眼前的一切，心情也一下子如春天般明朗起来。”

女儿听了这样的称赞，并没有压力感，相反，她会觉得备受鼓舞。虽然妈妈没有说“你有天赋”“你的画与众不同”“你很优秀”等，但她却能够感受到这些。她会得到这样的结论：“我就知道，我在绘画方面还是有些天赋的。我的画能使人沉浸其中，感受到美好与诗意。这正是我想达到的效果。”于是，在接下去的时间，她更痴迷绘画了。

描述感受，让孩子找到意义，但不评价性格、人格

教育学家海姆 · G.吉诺特说：“新称赞方法的座右铭是：‘描述，不要评价。要对待事件——不要赞扬品性。描述感受，不要评价孩子的性格；对成绩进行客观现实的描述，不要美化人。’”建设性的称赞，包含两部分内容，一是你的描述；二是孩子从这种描述中得到的积极的正向的结论。举例来说：

父母建设性的称赞：谢谢你帮我扫了地板，它变得很干净。

孩子可能的结论：从“干净”中知道自己打扫能力不错，能帮助到父母。

父母建设性的称赞：谢谢你送给我的项链，戴上它，我感到光彩夺目。

孩子可能的结论：妈妈喜欢我的礼物，我的眼光和品位都很不错。

父母建设性的称赞：我喜欢你写的这篇作文，它让我看世界的角度不同了。

孩子可能的结论：我具有创造力思维，继续发挥我的能力，应该能取得不错的成绩。

3.以努力的分值来衡量孩子

家长微信录

当儿子告诉我他要业余学钢琴时，我持反对意见。我告诉他：“你马

上初三了，这次期末成绩，你自己都觉得不理想，学钢琴只会更加耽误学习时间。”我突然觉得我像极了印度某部电影的那位不懂孩子的爸爸，孩子想学摄影，但爸爸却认为，正是孩子的爱好导致孩子的成绩从94分降到了91分。可是，不强调一下分数，似乎他从来不会有学习的紧迫感。

破解青春期孩子行为心理密码

十几岁的孩子面临中考、高考的压力，对于他们来说，有紧迫感的学习与快乐学习相比，哪一样是最高效的？显然是快乐学习。当孩子体会到学习的乐趣，愿意积极主动去学习时，学习成绩又会差得到哪里去？

分数从来不应该成为衡量孩子的唯一标准，但实际上由于一些因素的影响，父母们对于分数是相当看重的。有位中学数学老师做过一项调查，他先组织年级数学测试，然后让孩子们将试卷拿回家请父母签字，目的是保证父母看过试卷。老师让孩子们写下父母看到试卷后的反应，结果发现，父母们对分数的重视超出了他的预期。对于错了一道题的孩子，父母普遍有四种反应：第一种，要是你做对了，就是满分第一名了。我说过你多少回，你很聪明，但就是太马虎了；第二种，只错了一道题是很难得的事情，我为你骄傲；第三种，下次学学考满分的孩子，你这次可是退步了；第四种；妈妈觉得你这次考得不错，但是妈妈还要说，比起分数，妈妈更看重的是你的努力程度。而你又是其中哪一种父母呢？

青春期孩子喜欢的沟通方式

太看重分数会对孩子产生什么影响呢？看重分数的父母会使孩子的学习动机趋于回避型学习动机。学习动机包括学习需求和学习期待两个部分，它是引发与维持孩子的学习行为，并使之指向一定目标的内部动力。而回避型学习动机则是，孩子的学习需求和学习期待并非建立在自愿的基础上，而是为了父母、老师等人的评价而学习。这种学习动机下，孩子容易走向两个极端，要么自负，傲气，要么自卑，退缩。而当父母不再以分数来评价孩子，而是用努力的分值来衡量孩子时，才会激发孩子真正的学习动机，对于孩子来说，学习也就成了一件快乐的事。

以努力的分值来衡量孩子

当父母以分数来衡量孩子时，学习就会掺杂太多的功利性，孩子一旦考不好，就会压力重重，甚至产生厌学的念头。

一位妈妈是中学语文老师，在别人眼中，她的儿子有礼貌，懂得处理同学关系，人缘很好。但这位妈妈就是看不到孩子的优点，她甚至认为孩子给她丢人了。因为孩子在她的班上，她害怕自己的孩子没学好语文，公开的分数出来后，其他家长就会嘀咕“他儿子都没教好，可不是个称职的老师。”她的这种想法也给她的儿子造成了很大的心理压力，他特别想转学。

这个男孩在学习语文的时候，如果能感受到努力学习所带来的快乐而不是压力，那么，他就会越发愿意付出努力去学习。

当父母以努力的分值来衡量孩子时，孩子就会懂得努力本身是一件很重要的事情，只要足够努力，学习也会慢慢好起来。

不为分数而学习，而为知识本身而学习

父母在激励孩子学习时，要注意，不仅仅不要用分数来衡量孩子，而且不要让孩子形成为分数而学习的动机。你要让孩子明白，知识本身能使他们一生受益，而学习知识的过程应该是快乐的，轻松的。

全球著名老师雷夫·艾斯奎斯，在第56号教室一年年创造了一次又一次奇迹。当有中国的家长问他，“您在短短一年里，开设那么多课程，戏剧、棒球、电影课、经济课等，您还要带着孩子们去旅行，但您所教的孩子们成绩一直很好。要知道许多老师和家长需要花费大量的时间在孩子的

学习上，都未必能取得理想效果。您是如何做到的？”

雷夫认为，他所教的孩子们之所以成绩好是因为他们在学习时是放松的。雷夫经常会让孩子们去思考：考不好会有什么后果？孩子们最终发现，考不好并没有他们想象的那么糟糕。雷夫教育孩子们不应为考试而学习，而是为了那些能让自己受益一生的知识本身而学习。孩子们的学习态度是放松的，学习起来是很快乐的，因此，他们考得不会差。

4.没有“贿赂”的激励才最有效

家长微信录

这么多年来，我以及周围的父母们都已经习惯了说这样的话：“这次好好复习，考好了，暑假带你去三亚”“用点心考试，考完后送给你一件你一直想买的东西”“你如果拒绝玩手机一星期，我会给你发一个微信红包”……但效果呢？有时候有效，更多的时候是没有效果的，为什么呢？

破解青春期孩子行为心理密码

因为这样的父母是在贿赂孩子。确实很多父母也都习惯于这种方式来激励孩子。诸多的研究发现：如果无论孩子表现如何都给奖励，奖励就会削弱孩子对好的表现行为本身的兴趣；但如果奖励与表现好坏有关的话，会让孩子更加愿意完成良好的表现，因此奖励是可以提高孩子内在的兴趣的。

但很多家长却将贿赂当成了奖励。心理学家鲁道夫 · 德雷克斯认为，孩子的好行为来自他们希望通过贡献和合作获得归属感的天性。当我们用

贿赂换取孩子的好行为时，其实我们是在表达对孩子的不信任，这样的行为会让孩子气馁。

青春期孩子喜欢的沟通方式

那么，什么样的奖励方式，才能起到积极的、正向的作用，能真正激励孩子的正面行为呢？

奖励“投入”而非奖励“产出”

能够带来积极效果的奖励，不是以对孩子的行为结果进行奖励，而是对孩子的行为过程进行奖励。

哈佛大学的弗莱尔教授曾做过一个实验：他将来自250所小学的36000名学生分为两组，进行对比研究。这些孩子的年龄在9~16岁之间。第一组孩子，获得的是“产出奖励”，即以高分和名次来奖励孩子。第二组孩子获得的是“投入奖励”，对读完一本书、按时上学、认真做题等正面行为过程本身进行奖励。

结果发现，以行为“投入”为奖励目的的第二组学生的整体平均成绩有了明显提高，而以行为“产出”为激励目的的第一组学生，整体平均成绩没有提高。

这说明什么？行为“投入”式的奖励对于孩子们来说，奖励的目标是明确的，只要你看书了，阅读了，上学了，就能得到奖励；而行为“产出”型奖励虽然告诉了孩子们结果，但是缺乏明确的办法，即便孩子们有干劲，也不知从何做起。因此，正向的奖励应奖励“投入”，而非奖励“产出”。

物质奖励的正确使用方法

奖励的形式是多样的，如奖励孩子红包，奖励孩子一次旅行，奖励孩子某种喜欢的礼物，奖励孩子努力的程度，奖励孩子的勤劳，奖励孩子一次丰盛的晚餐……各种物质奖励和精神奖励，只要运用恰当，就能起到正

向的激励效果。

在物质奖励方面，尤其要注意区分贿赂式物质奖励和正确的物质奖励这两者的不同。在这方面，很多父母会不自觉走向“贿赂”式奖励的误区。贿赂不等同于奖励，它们两者之间是有一些区别的。贿赂是“绝望”的父母用某种物质来换取对孩子行为的掌控。而奖励则是对孩子正面行为的正向强化，进而使孩子表现得更好。

贿赂式奖赏本身并不能给孩子带来归属感。奖赏的次数多了，如果偶尔不给孩子奖赏，孩子就会认为他的努力白费了。沟通时，习惯以奖赏来激励的孩子，他们会经常问自己一个问题“这对我有什么好处”？如果发现没有好处，他们就会拒绝合作与奉献。更有甚者，他们的物质价值观会急速膨胀，甚至认为这个世界都欠他们的。如果得不到好处，他们会采取一定的报复行为。

例如，一位刚拿到执照的高中毕业生，他喜欢不顾自己安全违法飙车。他在想些什么呢？他在想，我为什么要遵纪守法呢？又得不到什么奖赏。我飙车多刺激啊，如果不被警察抓到就显得我比警察要聪明。当然，被警察抓到也没什么大不了，我爸会摆平的。

这就是贿赂式奖赏造成的严重后果：因为我没获得奖励，我就有权我行我素。如果受到惩罚，我就让他们看看我的厉害。

因此，物质奖励要注意是对正确行为的奖励与强化。父母不要告诉孩子：“如果你停止玩手机，我就给你买一个包。”而是应该说：“你每天少玩十分钟手机，就可以参与抽签，可能会抽到很多礼物呢。”

心理学家通过对物质激励的研究发现，对于小学生来说，以奖杯代替奖金，可起到很好的激励效果。但对于十几岁的孩子来说，金钱的效果可能会更好。哈佛大学弗莱尔教授的另一个实验后进行的问卷调查结果也证实了这一观点，即得到金钱的孩子，不但没有浪费金钱，他们感觉到这钱确实来之不易，反而会减少不必要的开销。

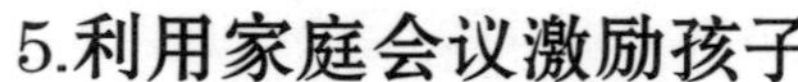

5.利用家庭会议激励孩子

家长微信录

孩子每天回到家里都要懒懒地在沙发上躺一会儿才慢吞吞地去写作业。通常在写完作业后，他会打开电视或电脑。我以往会给他找很多事情，例如让他去阅读，去学习才艺等，但他现在明显已经排斥我的沟通方式了。什么也不管，任由他这么自由散漫，长久下去，后果真不敢想象。我该如何唤起他的上进心？

破解青春期孩子行为心理密码

从这位父母的描述中可以看出，孩子散漫，无所事事。不能说孩子缺乏目标，只能说孩子动力不足，缺乏生活激情，可能是源于日常得到的激励太少。心理学家鲁道夫·德雷克斯说："一个行为不良的孩子，是个气馁的孩子。孩子需要鼓励，就像植物需要水。没有鼓励，孩子的性格就不能健康发展，孩子就不能得到归属感。"

有些父母很少给孩子提供途径与机会让他们发现自己，找到自己的优势与力量所在。通常父母还会带有一定的偏见，站在孩子的对立面，打击孩子，不相信孩子的能力。父母并没有意识到孩子的感受，孩子却因此倍感挫败，怀疑自己的价值，失去了激情与勇气。

青春期孩子喜欢的沟通方式

鼓励孩子也并非一朝一夕就可以立竿见影的，也是一个长期的过程。关键是在这个过程中不断给予孩子尊重、支持，使孩子的成就感、价值感一点点积累。孩子只有在参与、贡献中才能找到自我价值。有一种简单的

方法可以帮助孩子逐渐变得自信而有力量，那就是利用家庭会议来激励孩子的良好行为。

建议全家人每周召开一次家庭会议。家庭会议可以是比较正式的，也可以是比较随意的，时长可以是15分钟，也可以是30分钟，这由家庭成员共同商量决定。家庭会议里每次的主持者和记录者可以由大家轮流担任。

环节一：致谢

家庭会议的流程里第一个重要的环节就是向全家人致谢。在这个环节里，家庭成员轮流表示对其他家人的致谢与感激之情，强调每个人对这个家庭所作出的努力与贡献。致谢与感激可以拉近我们与十几岁孩子之间的距离，使得全家人都从中得到鼓励。

小米的妈妈以前经常关注女儿小米的错误，这使得双方关系很紧张。但自从小米一家决定开家庭会议，并以致谢作为第一环节以来，小米每次都能收获大量的鼓励性话语，诸如："这周小米每天都能按照计划来完成作业，本周阅读了两本书。我们认为她更有耐心了。希望小米坚持下去。""小米帮我做家务很用心，房间里物品摆放有条理，地上都没有尘土。小米辛苦了！""运动会上，小米是长跑冠军。我们为你在这段时间坚持锻炼身体感到骄傲，冠军是对你努力锻炼的奖励。"……这种每周简单的致谢与感激，使家庭氛围变得积极向上而有温馨。孩子与父母之间的争执少了，孩子从这种致谢与感激中得到肯定与鼓励，越来越自信了。

环节二：解决问题

在这个环节，全家人讨论一些需要解决的问题。每个人都要发言，并说出自己的想法、建议。在每个人发言时，其他家庭成员要认真倾听，营造坦诚与尊重的氛围，避免争吵和权力之争。最后，大家共同讨论问题的最佳解决方案。

在马璐璐家，通常在这一环节里，马璐璐的发言是非常活跃的。她总能想出很多的解决方法。就拿他们家家务活来说，马璐璐甚至还自告奋勇，提出周末两天为家人准备早餐的行动。

在探讨解决问题中，孩子的想法如果得到尊重与鼓励，孩子就更愿意独立思考，解决问题，变得更有责任心与大局观。

环节三：计划家庭活动

在这一环节，全家人可以通过头脑风暴的方式来计划下周的家庭活动，例如一次旅行，一起阅读的时间，一起在家做烧烤等。

在陈宇家的家庭会议上，大家更多的是听取陈宇的想法。而这种尊重与鼓励，使得陈宇更愿意帮全家安排娱乐或学习的计划。在这个过程中，他也逐渐变得自信、果断、独立，与此同时，他曾经与家人之间的疏离不见了，他们有了更多的沟通交流时间。

当孩子也参与讨论并得到足够的尊重后，孩子更愿意和家人在一起沟通交流，变得更有力量。

6.用幽默化解十几岁孩子的对抗

家长微信录

女儿总是丢三落四的，每个周末在家写完作业后，总是会漏掉一两样作业，还得我将作业送到学校。当然，生活上她也不让人省心。她会故意捉弄弟弟，常常将小她10岁的弟弟气得哇哇大哭；她会将吃剩的零食悄悄扔进弟弟的卧室，在弟弟的卧室唱歌跳舞，因为她的卧室从来不收拾。对于这样的孩子，立规矩、惩罚都是无效的。该如何应对呢？

破解青春期孩子行为心理密码

对于十几岁的孩子来说，说教、唠叨显然是无效的，相反，还有一定的副作用，会诱发孩子的挑战性，孩子最终就以反抗家长意志的行动，来证明自己并不是胆小鬼，这就是所谓的禁忌效应。

对付禁忌效应，幽默是不错的武器。心理学中，幽默效应是一种防御机制，当人们不可避免地出现困难或尴尬场景时，幽默是很好的调节剂。人们利用一些诙谐的手法，自我解脱，摆脱尴尬的境地，营造出和谐美好的气氛，从而淡化矛盾，消除误会，化干戈为玉帛，使彼此之间的沟通更为顺畅。

心理学家弗洛伊德认为，通过幽默，可以使我们的敌人变小、变弱、变得可鄙和可笑，我们将以一种迂回的方式获得愉快并战胜他。对于十几岁的孩子，父母不妨尝试偶尔幽默一下，使用幽默来化解孩子的对抗行为，化解亲子间的矛盾，避免因为不当说教引发的叛逆心理。

青春期孩子喜欢的沟通方式

有一则著名的外国幽默小故事，叫作《不愿上学的校长》。讲的是一个“大孩子”某天醒来之后不想去上学了。妈妈让他讲出两个理由，他说：“第一，所有的同学都恨我；第二，所有的老师都恨我。”这位妈妈听完并不责备大孩子，而是给他提出这样一个建议：你还是应该去学校，理由一，你已经52岁了，理由二，你是校长。然后，这个大孩子很神气地“去上学”了。

当父母在与孩子的沟通中，过多地运用一些表达命令、要求、必须的词汇时，你们之间的沟通难度加大，孩子更趋向于挑战，而换一种角度，当你们在沟通时，利用启发、暗示、商量并具有幽默感的语言时，孩子的

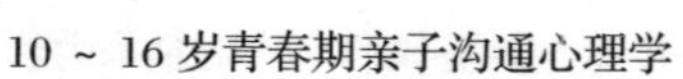

对抗感会逐步消失，并趋于合作。

幽默沟通，棘手问题变简单

举个例子，十几岁孩子正是情窦初开的年龄，有喜欢的对象再正常不过，但十几岁又是学业最为繁重的时候。因此，很多家长在处理此类问题时，手段特别强硬。这样的结果却经常会触发青春期孩子叛逆的开关，孩子反而因这种阻挠变得越发叛逆。而此时如果采取一定的幽默式沟通，结果完全不同。

有一位爸爸，当他知道儿子喜欢上班里的一位女同学时，他和儿子之间有了这样一次交谈：

爸爸：儿子，我想和你聊聊你喜欢的那个女孩。

儿子：爸爸，也不是啦，只是普通同学。（说此话时，儿子脸特别红）

爸爸：这是好事啊，我还要放心呢。因为这说明我儿子对异性有兴趣，取向正确。

儿子：爸爸，我以为你会骂我。

爸爸：不会，现在很多孩子，对异性没兴趣，甚至有的青春期孩子对人没兴趣，兴趣都放在了同性身上，或者干脆找个机器人恋人。如果是这样，爸爸会气死的。现在我替你高兴。

当儿子在这种幽默氛围中完全放松下来后，爸爸又像同龄朋友一样，同他谈起严肃的问题，如何与这位同学保持“克己复礼”的关系。就这样，这位男孩顺利度过了青春期。

用幽默传递关爱，建立情感联结

有一位爸爸总是为儿子爱走神的问题烦恼，他查阅了大量帮助孩子提升注意力的资料，很耐心地一次次讲给儿子听。可是，终于有那么一次，儿子的脾气爆发了：“爸爸，你以后能不能别像唐僧一样唠叨。您越是提

醒我注意力的问题，我越是无法专注。请理解我！”

这位爸爸沉默了许久，他发现他每次同儿子沟通注意力的问题时都过于严肃，而这种严肃令孩子倍感压力。他决定改变一下自己的沟通风格。

这次，当儿子再次因为白日梦而拖延家庭作业时，这位爸爸拍了拍他的肩膀，说道：“博睿，想象一下，你已经22岁了，你起床后，塞着耳机听着自己喜欢的歌，边听边打游戏。你甚至已经厌倦了这些歌曲和游戏，因为你对它们实在太熟悉了。你希望去工作，但是工作的馅饼却没有掉下来。为什么呢？因为你把所有时间都用来做白日梦了。”儿子听了，哈哈大笑，然后迅速进入写作业的状态。

后来，这些爸爸就习惯在沟通中发挥幽默的作用了。因为他发现只要改变沟通的语气和风格，幽默一下，就能迅速达到以前很难达到的沟通效果。

当父母们遇到孩子同自己对抗，或者孩子有了心事时，不妨也采用幽默这种轻松的语言同孩子交流，在交流的过程中，可以适当加入一些比喻、夸张等，不断活跃气氛，在一片笑声中解决所有的问题和矛盾。

7.像朋友那样一起解决难题

家长微信录

刚放暑假没几天，儿子就被智能手机“绑架”了——每天利用手机聊天，看网络小说，玩游戏。网上有一篇很火的帖子，叫作“想毁了一个孩子，就给他一部手机”。自从看了这帖子，我决定采取简单粗暴的手段严禁孩子玩手机。可对于这种叛逆期的孩子，越是禁止，他越是偷着玩，挡都挡不住。

破解青春期孩子行为心理密码

在这个互联网时代，如果合理利用智能手机，也能在一定程度上为孩子的学习、生活提供帮助。但是，如果孩子不加限制地利用智能手机玩游戏、看小说等，也会对学习产生一定的消极影响。

对于青春期的孩子，过度限制、严令禁止这些手段显然既达不到应有的效果，还会造成沟通上的抵触与对抗，使事情朝着相反的方向发展。因此，你在与孩子沟通时，让孩子明白如何合理使用手机，如何进行更为有效的自我管理，这才是最重要的。那么，如何沟通才能引导孩子更好地实现自我管理呢？你可以使用教育学家简 · 尼尔森提出的“一起解决问题的四个步骤”这种方式，像朋友那样一起和孩子解决问题。

青春期孩子喜欢的沟通方式

教育学家简 · 尼尔森所提出的“解决问题四步骤”如下：

第一步：让青春期的孩子说出他的想法或目标。

第二步：父母说出自己的问题或目标。

第三步：要一起用头脑风暴法找到解决问题的方法。

第四步：挑选一条或两条双方都能接受的结果，先试行。

在咨询中，遇到过一个类似的案例。这位妈妈是这样利用“解决问题四步骤法”来说服孩子的。

第一步：鼓励孩子说出他的想法或目标

首先，父母可以通过家庭会议的形式来讨论问题。父母需要暂时先将自己的想法与感受放在一边，去耐心倾听孩子的想法与感受。一旦孩子意识到自己的观点得到倾听与理解，他就更愿意同父母交谈。

妈妈：我想和你来谈一谈关于玩手机的事情。

儿子：现在是假期，我玩手机不会影响学习的。

妈妈：你认为你每天玩手机的时间是否有些长？你觉得玩手机会有什么好处？

儿子：的确长了点。因为我已经写完了作业，剩下很多空余时间。我利用智能手机搜索一些关于学习或其他方面的资料；我还利用它与同学们交往；利用它购物时进行支付。当然，我也利用手机玩游戏来放松一下。

在这里，孩子说出了自己的想法。

第二步：父母说出自己的问题或目标

在这一步，父母要跟孩子说出自己的想法、感受、观点，让孩子明白你对整件事情的态度。

妈妈：我支持你用手机来做有益的事情，玩游戏也是可以的，但时间长度上则安排不合理。

儿子：问题是，我确实控制不住，玩着玩着就忘了时间。

妈妈：现在的游戏在设计方面都会采取一种上瘾模式，你投入的时间越多，升级越高，你的游戏好友越多，你就越是很难自拔。我希望你能够进行时间管理，不至于在游戏上花费太多时间。否则，我会很担心。

儿子：确实这样。我也认为玩游戏时间太长会影响我在阅读方面的时间投入，但真的很难控制。

第三步：用头脑风暴方法共同解决问题

在这一步，父母需要和孩子一起用头脑风暴的手段协商如何趋利避害，解决问题的方法。最好是彼此将所有的想法（无论是合理的还是不合理的）都要不做任何评价地写出来。

妈妈：所以说，让我担心的问题，其实也是你的烦恼。

儿子：是啊。

妈妈：我们可以一起想一些解决这个问题的方法。

儿子：好主意……

妈妈和儿子分别列出自己想要解决这个问题的方法。

妈妈的方法：

早饭后半小时，可以用手机查学习资料，预习上午的课程。

在暑假里，每天玩游戏时间不超过1小时。

暑假开学后，玩游戏时间定为每个周末两天每天玩1次，每次半小时。

晚饭后半小时内，可以用手机看新闻，学英语，看网络课程等，也可以听听歌曲，适当放松。

儿子的方法：

在暑假里，每天玩游戏时间可以是2小时。

暑假开学后，玩游戏每天玩半小时。

每天利用手机看新闻或学习网络课程等学习时间在3小时左右。

在妈妈和儿子利用头脑风暴法制订手机使用规则时，他们是围绕用手机去学习、发现、表达这个目标来进行的。在此基础上，想出各种合理使用的规则。

第四步：挑选一条或两条双方都能接受的结果作为试运行项

重新看一下头脑风暴后一起想出来的解决策略，看看有哪些是孩子与父母都愿意接受的，有哪些是双方存在分歧的。在求同存异的原则下，选择出双方都赞成的方法作为试运行项。

妈妈：我不赞成你每天在游戏上花费2小时，暑假开学后，每天玩半小时也不现实，因为你们是寄宿学校，老师特意提出过在校玩手机会被没收的事情。还有，每天利用手机看新闻或学习网络课程达到3小时，你确定需要这么长时间？

儿子：的确有点长。但我觉得你安排的早饭后半小时用手机查学习资料，预习课程也不合理。这些内容我并不想用手机完成……

妈妈：那就让我们求同存异，寻找可以接纳的观点，或者我们各退一步，找到一些比较中庸的观点。

于是，妈妈和儿子经过商量达成一致，决定暑假期间，每天游戏时间为半小时，学习时间为1小时，其余更多时间用在阅读方面。

第八章

摆渡：面对负面情绪的沟通技巧

心理学家丹尼尔·戈尔曼说："情商是人类重要的生存能力。人生的成就至多20%可归诸于智商，另外 80%则要受其他因素（尤其是情商）的影响。"一个具有强大心智能力的人，他必然具备足够的情感能力与自我意识，能够控制处理焦虑、紧张、悲伤、抑郁、压抑、失落、暴躁、孤独等负面情绪，有一定的同理心，能与人和谐相处，积极思考与生活。

而青春期孩子心智尚未成熟，处于情商发展的关键期。面对孩子所遇到的负面情绪困扰，父母该如何与他们沟通，才能在他们成长蜕变的过程中扮演好灵魂摆渡人的角色？本章告诉你答案。

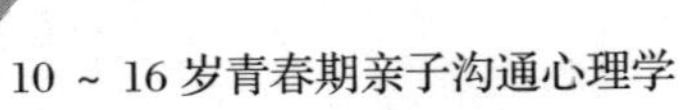

1.非暴力沟通：消除沟通的负面情绪

家长微信录

孩子的内在世界上空总是乌云密布。平日里一些小事情就能激起他的愤怒、忧伤、焦虑……他的情绪处于持续“感冒”状态。我总是告诉自己：“孩子中考完就好了。”可这样下去，中考都要被其情绪影响，迟早会出问题。怎么帮他呢?

破解青春期孩子行为心理密码

孩子情绪的问题，有时并非孩子单方的原因。而从沟通的角度来说，为什么不反思一下自己的沟通方式呢？家庭对于孩子来说意义非凡，当孩子与家人之间的沟通出现障碍或断裂的时候，才会造成心理上的巨大痛苦。日常生活中，暴力沟通占据沟通的百分比越多，孩子就越容易出现负面情绪，青春期的孩子尤其如此。而如果你能够以非暴力沟通的方式与孩子沟通，孩子的消极情绪逐渐会被积极情绪所取代。

所谓非暴力沟通，即“爱的语言”，它由心理学博士马绍尔·卢森堡提出，目的是使人友爱互助。非暴力沟通包括四个核心要素，即：观察、感受、需要、请求。

青春期孩子喜欢的沟通方式

如果父母在与孩子交谈或聆听时，能够依照马歇尔·卢森堡博士提出

的非暴力沟通方式进行，能使父母和孩子和谐相处，同时能有效清除消极沟通方式对孩子情绪产生的负面影响。我们详细来说如何使用马绍尔·卢森堡提出的非暴力沟通四要素。

观察

观察是指不带任何主观色彩地去观察正在发生的事情，而非评论正在发生的事情。在观察中，具体指出正影响我们的行为和事物。父母都是爱自己的孩子的，但是有时候会在言辞中伤害孩子。请经常观察自己与孩子沟通时的言辞，问自己一些问题，例如：

“你真是笨！”“你让我失望透了，我看不到你的前途。”这些话真实吗？这些都是基于父母生气、愤怒等情绪而对孩子做出的评论，并非事实。我们总是太喜欢给孩子贴标签了，而这些标签就是我们的评论而非观察所得。

举一个例子，一位爸爸经常受到上司的批评。迫于生计，他暂时也没有换工作的打算。可当他回到家中后，经常会板着脸来训斥孩子，总是会骂孩子“不争气”“白养活了”“没头脑”。他们父子之间的关系也因此变得颇为紧张。这次，他回到家后，看到儿子严肃的表情，低垂的脸，他突然意识到他不能再骂孩子了。他开始观察与孩子之间的沟通，发现自己在公司受了气，而在家中却要成为孩子的上司，拿孩子当出气筒。于是，他决定换种方式和孩子说话：“今天在学校还好吗？和我聊一聊学校里的事情吧，我想听听。”儿子却因此泪流满面，他从来没听过父亲说出过这么通情达理的话。

因此，当我们与孩子对话时，要注意陈述我们的观察事实，并能清楚地表达出观察结果，而不是随意评论。父母可以这样说：“你到的时候，我们已经看了半小时电影了！”“老师同你打招呼，而你却没有理睬老师。”

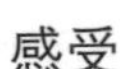

感受

在暴力沟通模式里，存在对立的两方，即掌权者和被管教者。处于被管教者位置的青春期孩子通常会做出两种反应，顺从或叛逆，但无论是哪种反应，都很难与父母之间有真正的内心联系。在非暴力沟通中，沟通是双向的，父母和孩子双方都要表达自己的感觉和诉求，而不是一方被动的接受。

父母和孩子都需要体会彼此的感受，如恐惧、开心、震惊、沮丧、感动或伤心等。同时，也要不带评价与指责地积极表达自己的感受。

注意是表达感受而不是想法，想法通常是对人或事物的观点、判断、评价和态度，而感受则一般是对心情、情绪的描述。如果说："我感觉被同学排挤了""我觉得你是很聪明的孩子"这些就不是感受，而是描述想法。而"大家都不理我，我觉得很孤单""你能搞定这么难的题，我很欣慰"这些是描述感受。感受描述的越是清晰，适用的词汇越是精准而丰富，就越容易建立一种良好的沟通模式。

需要

无论是孩子还是成人，负面的感受源于内心某种需求的缺失。因此，交谈的的双方需要体会与正发生的事情和感觉相关的需要，如对归属感、自由、安全感、独立自主、意义等的需求。

我们可以使用"我（感受到）……因为我（某个需要没有得到满足）"这个句式来表达需求。"你每次回家后都是玩够了才写作业，我感到烦躁，因为我希望你能够认真对待你的作业，对待学习这件事。""我最近过于忙碌，我感到不开心，因为我想花费更多时间和你在一起。"

直接说出感受，而不是让彼此猜测，才能使彼此在对话沟通中做出积极的回应。需要注意的是，要将感受与策略或想法区别开，当你说"我希望你的房间保持整洁"时，你是在表达需求，而如果你说"我想你现在就

应该收拾房间”则是表达的策略与方法。相比较后者，前者更容易被孩子接受，且不容易引发孩子的负面情绪。

请求

我们可以在交谈的时候，提出一个具体、明确、清晰的请求，明确地告知对方我们希望他怎么做，做些什么。

例如，对于一个不习惯收拾家务的女孩来说，妈妈对女孩说“你去收拾家务！”这种带有命令和强迫的口吻会使女孩自然而然产生抵触、反感、愤怒等负面情绪，亲子之间很难合作。而如果妈妈用请求的方式：“可以请你一起收拾家务吗？”女孩就很容易合作。

再如，男孩子也有了自己的隐私，如果爸爸妈妈却还像他小时候一样，不敲门，直接进入他的房间，那么，对于他来说，就是极大的不尊重。当他对他的爸爸妈妈说：“你们不尊重我，我需要你们的尊重”时，他的爸爸妈妈可能觉得莫名其妙，甚至容易引发沟通中不必要的负面情绪。而如果这个男孩说“我需要自己的隐私，请您进入我的房间前，先敲门，好吗？”一旦清晰地表达出请求，对话的效果就会好很多。

2.深陷抑郁情绪危机时的“转念”沟通法

家长微信录

自从两年前，孩子最好的朋友出车祸死亡后，整个人的性格都变得沉默寡言，他的成绩也在这两年一落千丈。从前充满欢声笑语的家也随着他的沉默变得冷冷清清。尽管我们多次向他解释，我们很同情他朋友的遭遇，但事情已经过去了，活着的人要更好地生活。一切似乎都没有任何改观。

破解青春期孩子行为心理密码

从这位父母的叙述中可以看出，失去朋友的痛苦使孩子陷于长期抑郁之中。据一项调查显示，10%以上的中学生会遭遇抑郁情绪的困扰。引起青少年抑郁情绪的原因是多方面的：对发育问题的内在感受或情绪难以理解；来自父母性格以及教养方式的影响；学习成绩或技能所带来的压力；生活事件所引发的痛苦情绪等。

长期处于抑郁状态的青少年在情绪方面多表现为：注意力不集中，胆小，羞怯，孤独，缺乏自信，自我评价感差，自暴自弃，有负罪感，敏感，焦躁不安，冷漠等。在行为上多表现为：不愿意与人交流，故意回避熟人，对老师和父母的管教持逆反态度，学习成绩明显下降，容易冲动，攻击性强，有离家出走、悲观厌世、自残、自杀等倾向或行为。在生理方面，有些青少年会出现一定的睡眠障碍，如入睡困难，多梦，睡眠时间短，食欲不振或其他消化道症状。

青春期孩子喜欢的沟通方式

想让青春期的孩子走出抑郁情绪，方法有很多。父母可以从一些日常小事上激励孩子，如对于孩子日常做家务、学习上取得阶段性的进步、自我形象的提升等进行及时的激励，让孩子一点点找到自信。当然，对抗抑郁情绪最为有效的一种方法是——认知重建。

认知重建，即通过改变当事人的认知、思想和意象活动，达到重建新的认知，矫正其不合理行为的目的。认知重建不仅仅适用于心理咨询和心理治疗领域，而且还可广泛应用于普通人的情绪、行为、性格的调节。当父母决定帮助深陷抑郁情绪危机的孩子进行“认知重建”时，可以尝试使用转念沟通法。

转念沟通法的具体运用

转念沟通法，是通过你与孩子进行沟通时的正确引导，使孩子转变观念，换一种思维或角度去重新看待问题。简单来说，当一位朋友的一段感情关系结束了，她心灰意冷，甚至感到绝望时，你会怎样安慰她才有效？无疑，让她转变思考模式，由消极思考转向积极思考。让她意识到这段感情并不那么美好，他们之间有很多格格不入的地方，结束是为了遇到正确的人。当你将自己当作孩子的大朋友，经常与孩子进行转念沟通后，你会发现，孩子的抑郁很快就被阳光填满。

已经高三的彬彬抑郁情绪处于严重状态，整夜整夜睡不着觉，吃不下饭，整个人瘦下去一大圈。她妈妈急坏了，就来进行咨询。她应该第一时间使用的沟通方法就是转念沟通法。一个月后，就听到她的积极反馈，彬彬已经进入状态了，她的一颗石头终于落地了。下面是她所反馈的与儿子之间的一段转念沟通式对话。

妈妈：我看到你最近情绪很差，不想打扰你，我希望你自己能够管理好你的情绪，但是我还是感觉很担心。

彬彬：我确实遇到了麻烦。我感觉压力特别大，心里常常想如果考不上大学怎么办，爸爸妈妈会有多失望，周围的人会怎么评价我。而我觉得无论是学习状态还是心理状态，都越来越糟糕了。

妈妈：确实，面临高考，人的确会倍感压力。孩子，你有没有想过，高考本身并不会影响你的心情，影响你心情的因素取决于你是如何思考这件事的。为什么不换一种思维呢？想一想你考上你喜欢的大学后的事情，会和喜欢的女孩谈恋爱，会去一些地方旅行，会泡在图书馆看自己喜欢的书籍。你也可以这样想，结果如何都不重要，你只要努力了，也就不遗憾了。

彬彬：当我尝试换成这两种思维来思考时，感觉压力就小了很多，动力也多了起来。

此外，在使用转念沟通法时，父母也可以引导孩子使用“比下有余”精神胜利法来缓解情绪，转念思考。例如，对于一个身患重病的孩子来说，如果他能够想到有的患者比他现在的情形更糟糕，他就会认为“我还不算糟糕，我起码可以一个月后痊愈”，他的抑郁情绪就会有效缓解，正面的情绪会转念而生，并对身心带来正面积极的影响力。

3.告诉孩子焦虑情绪中接纳与批判的度

家长微信录

孩子3岁就能背诵200多首古诗，小学阶段和初中阶段，在学习和才艺方面，一直都是班里的佼佼者。可孩子自从进了这所重点高中，在第一次期中考试排名倒数之后，就开始有明显的焦虑情绪。他总是处于紧张状态，学习上根本没办法集中注意力，他甚至有了退学的想法。该如何帮他呢?

破解青春期孩子行为心理密码

焦虑情绪与内在或外在的环境压力存在着密切的联系。由于青少年的头脑更容易受到压力的影响，所以在青少年群体中，焦虑的发生频率是比较高的。焦虑情绪形成的原因，一般都有明确的对象，如要考试了或者工作高标准等，且都与压力有关。心理学家认为，“当压力源被感知的程度已经超过应对压力所拥有的资源，就会产生一定的焦虑”。

看得出，这个孩子所在的重点高中，他的同学也是各个优秀，再加

上孩子好胜心强，不甘人后，可又达不到预期，所以焦虑情绪就产生了。如果孩子不擅长调解焦虑，使焦虑影响到正常的学习生活，反而加重了焦虑，形成恶性循环。

青春期孩子喜欢的沟通方式

当孩子处于焦虑情绪时，其实他的心里是不停地围绕忧虑的事情打转，担心成绩，担心中考或高考，担心失去朋友，担心父母失望……他们总是一会儿担心这个，一会儿担心那个，或者对一个问题反复琢磨，这种忧虑逐渐发展为持续的焦虑感，甚至引发焦虑障碍，严重的情况下出现病态性恐惧、妄想症、强迫症等。

孩子的焦虑情绪可能会使父母思考自己的教养方式，父母可以通过觉察孩子行为的变化，倾听孩子的想法，为孩子提供必要的帮助。当父母与孩子沟通时，如果能够帮助孩子构建更好的应对技能，使孩子掌握自我接纳与自我批判的度，孩子就能很快从焦虑情绪中走出来。父母可以按照这样几个步骤来与孩子沟通。

第一步：接纳焦虑情绪本身

父母在沟通时要注意，孩子的焦虑情绪根源在于——对自己的不接纳与无限制的自我批判。首先父母需要让孩子认识到这种焦虑情绪的客观性，在接纳自己之前，先接纳情绪。

例如，对于一个每次当众讲话都会头脑一片空白的孩子来说，你要让他认识到，当众讲话的时候，常常是越是刻意控制紧张焦虑的情绪，就越发紧张焦虑。相反，如果接纳了这种紧张焦虑的情绪，告诉自己“我有点紧张焦虑，这种感受不舒服，但我选择去接纳它而不是控制它。”虽然这种态度看似消极，但一旦接纳情绪，情绪本身就会趋于平缓。

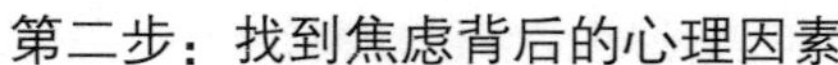

第二步：找到焦虑背后的心理因素

在与孩子沟通的过程中，试着寻找孩子焦虑情绪背后的心理原因，如是否过于追求完美，是否太看重结果而忽略过程，是否太注重他人评价等。

曾听过一个让人心碎的故事。一个16岁的女孩为了减下去寒假里积累下来的3千克赘肉，打算和妈妈一起通过节食手段来减肥。一个月后，妈妈顺利减下去3千克，但女孩却没有减下去。但自此之后，女孩就比以往更加严重地控制饮食。她为了欺骗大家，经常是吃完了饭，悄悄去洗手间逼着自己吐出来。半年后，她体重已经比寒假时期降了20千克，可谓骨瘦如柴。因长期节食，她得了穿孔性胃溃疡，须接受手术。但手术后，女孩仍然瞒着家人进行节食。一年后，女孩突发心脏病离世。

这个女孩的节食与其说是为了减肥，不如说是来自对自己形象的焦虑。但令人唏嘘的是，女孩的焦虑情绪始终未被察觉或重视。如果女孩的父母能够及早察觉女孩节食背后的焦虑情绪，找到引发焦虑的心理因素，就能制止这场悲剧的发生。在这里，引发女孩焦虑的因素可能是女孩太过于注重他人对其形象的评价，也可能是女孩有着过于要强或追求完美的性格等。

第三步：引导孩子学会接纳自己

焦虑情绪的消解最终取决于——是否接纳自己。焦虑的产生源可能是孩子所不愿意面对的现实压力、人际冲突，学习压力，亲子矛盾等。当父母帮孩子认识到焦虑情绪，并找到根源后，接下去就是教孩子如何接纳自己，勇敢地去追求更好的自己。父母可以在与孩子沟通的时候，为孩子提供这样一些接纳自己的建议：

对自己说“我喜欢自己，我允许自己的情绪发生波动，无论是快乐还是不快乐，我都接受”。

每天在日记本上都要记下自己的优点。如我今天做出了哪道难题，达到了什么样的目标，得到了怎样的表扬等。

要宽恕自己犯下的错误。常问自己三个问题：我承担得起这种错误吗？我值得被原谅吗？不同的选择会带来怎样的后果？最后，感谢接纳错误的自己，从错误中找到解决方法，获取成长机会。

大多时候，焦虑源于对自己不合理的期望值。当感到焦虑时，要问自己：我的内在意愿是什么？我希望做成什么样？我现在的做法是否妨碍达成目标？

悦纳自己并不等于对于自身存在的问题视而不见，当然，还要经常内省，发现不足，改变可以改善的问题，接受不可以改变的问题。

4.冲动控制：与冲动对着干

家长微信录

儿子很难控制自己的情绪。一旦有人激怒他，他那座情绪的火山即刻爆发。这使得他在人际关系方面很极端：有那么几个能够两肋插刀的朋友，也有因一时冲动打架而变得关系紧张的同学；老师说他几句，冲动之下，他甚至朝老师嚷起来，因此，有几个科目的老师对他很有意见。该如何帮他走出冲动，学会控制自己的坏脾气？

破解青春期孩子行为心理密码

所谓冲动，多指做事鲁莽，不考虑后果。冲动这种情绪往往是因外界刺激而突然爆发，盲目且不理智。它是一种情感特别强烈、基本不受理性控制的心理现象。冲动情绪是一股巨大的心理能量。

抗拒冲动这种情绪控制能力可以说是最基本的心理技能。如果青春期的孩子能有效控制冲动，他会表现得自信自强，更有社交竞争力，学习或做事情更有效率，抗挫能力强。

青春期孩子喜欢的沟通方式

当孩子被冲动情绪牵着鼻子走的时候，父母该如何沟通，才能化冲动为控制，迅速提升孩子的情商？不妨参照下面三种方法。

与冲动的行为对着干

心理医生谢里·范·狄克认为，对付冲动的最好方法就是“与冲动对着干”。具体做法为，先找到冲动情绪产生的最根本冲动是什么，然后采取与这种冲动相反的方式来阻止冲动行为的产生，更好地控制情绪。举三个例子：

孙斌因为同学说了一两句难听的话而感到愤怒，冲动之下，与同学打起架来。此事闹大了，校长在全校大会上对他们进行了通报批评，还扣除了学分。

紫杉因为妈妈生重病非常悲伤，在冲动之下，她逃避集体活动，也不喜欢和同学说话，越来越孤僻了。

快考试了，云谣开始陷入焦虑之中，她睡不着觉，一看书就头疼。而这种状况使得她对接下来的考试更是心里没底，越发焦虑，形成一种恶性循环。

第一个小案例中，引发冲动情绪的根本是愤怒。控制冲动的方法可以是采取与之相反的策略，礼貌而善意对待对方的刻薄与敌意，如果很难做到，就干脆避开对方。第二个案例中，引发冲动情绪的根本是悲伤，控制冲动的方法可以是，反其道而行之，积极融入人群中。第三个案例中，引

发冲动情绪的根本是焦虑，控制冲动的方法不是逃避，而是心无旁骛专注备考，接近引发焦虑的事件。

当父母与冲动的孩子沟通时，要注意用语言来引导他“与冲动行为对着干”。这种与冲动对着干的方式可有效减轻引发冲动的情绪强度，有助于自我情绪的平衡，更好地控制情绪。

与冲动的思想对着干

引发冲动情绪的最根本因素是内在情境。因此，与冲动的孩子沟通时，鼓励其用相反的行为来控制冲动还不够，最为根本的是，要让孩子从心理上与冲动的思想对着干。例如，有的孩子害怕上讲台演讲，自然而然会产生冲动的逃避行为。那么除了鼓励他勇敢一些，积极上台演讲来控制冲动之外，最为根本的，需要将其冲动的逃避思想转化为“我如何才能表现得更好”“我渴望表现更好”的积极思维。

初中二年级的一个男孩个性害羞，他尤其害怕的是上台演讲。他也渴望像其他孩子一样，当轮到自己上台的时候，能够做一次勇敢而又有魅力的演讲，可每次一上台，他脑子就发蒙，手脚心冒汗，脸红彤彤的。于是，有同学就开始给他起绰号“小姑娘”。他为此越发自卑，甚至产生了轻度的社交恐惧症。

他爸爸之前也是多次鼓励他勇敢一些，不过因为沟通的方式与效果并不好。在咨询之后，他爸爸找到引发孩子害羞的最根本心境，即极度的自卑与被压抑的表现欲。他不再鼓励孩子勇敢上台演讲，而是根据孩子的情况，先鼓励孩子在家庭会议上演讲。孩子起初也是紧张，父母鼓励他假装不紧张，在演讲之前给大家讲一个笑话来缓解紧张情绪。在家里轻松的氛围中，孩子每次都发挥得极好，当然，父母也会及时给予称赞与鼓励，并经常告诉孩子“即便心理紧张，但表现得好像很好就可以”。男孩在这种练习中，自信逐渐找了回来，他一次次主动上台，一次次假装表现得很好。半年后，他再也没恐惧过上台演讲，相反，还因为一次次精彩的演讲被选拔为班干部，整个人也阳光了很多。

心理学认为，“假装”是一种快速调整情绪的方法。这是因为人类身体和心理是相互影响、相互作用的。冲动的情绪会引发肢体上的变化，呼吸加速，手心冒汗等。然而，肢体语言的改变同样可以导致情绪的变化，例如，强迫自己做出微笑的动作，人的心理上也会因为这种肢体语言的变化而开始充满快乐。因此，在与冲动斗争的时候，可以恰当使用这种武器。

需要注意的是，鼓励孩子采取与冲动对着干的行为或思想，必须一遍又一遍地重复它，直到孩子的情绪得到改善。这可能需要花费更多时间，但是不要放弃，坚持下去，孩子的情商就能得到极大的提升。

5.帮抵触学习的孩子找到“涌流”

家长微信录

孩子学习的劲头越来越小了。他作业效率很低，拖延症很严重。老师也屡次向我反映，他在学校里上课注意力差，提问的时候经常会不知所云。我和他谈过，他直接告诉我，就是觉得学习特别枯燥、没意思。现在，对于他来说，学习是一件头痛、难受的事情。我该如何帮他呢？

破解青春期孩子行为心理密码

与人生的其他阶段相比，青少年的大脑可谓是满档。在此时期，青少年大脑内的突触可塑性更强，兴奋性突触迅速增加，长时程增强。因此，青少年学习知识的速度很快，更容易记住新知识，而且记忆维持时间更

长。因此，此时父母应重视此阶段孩子的强项，如果孩子在学习方面存在一定的学习障碍或情绪障碍，这也是最佳补救时期。

这一时期，父母需要对孩子的学习态度、能力、知识量等及时给予肯定与激励，和孩子一起找到学习的涌流。涌流这一概念是由美国积极心理学家哈里·契克森米哈提出的，他认为，当人们在做自己喜欢的事情时，就会拥有专注或沉浸其中的心理状态。此时自我意识消失，时间似乎过得飞快，每个行为、动作和想法必然会一步接着一步，思如泉涌，将技能发挥到极致。在这个过程中，人们得到长久的快乐。

青春期孩子喜欢的沟通方式

情商之父丹尼尔·戈尔曼说："涌流状态是情绪智力的最高境界，涌流意味着情绪控制在表演和学习的目的之下达到了极致。在涌流状态，情绪不受抑制和牵绊，而是积极的，充满活力的，与当前任务协调一致。"

孩子若能在学习的时候长期处于涌流状态，就会忘我地全神贯注于学习本身，心无旁骛，废寝忘食。孩子在涌流状态下学习，他们并不关心学习会带来怎样的成绩，也不会在意老师和同学们会因为学习的成绩而对他另眼相看，此时，学习本身的所带来的快乐才是他们真正的动力。

进入学习的涌流大致有这样两种捷径：进入放松而又注意力高度集中状态；学习的任务是自己擅长的且稍稍有点难度。

进入涌流的第一种捷径

从第一种捷径来说，丹尼尔·戈尔曼认为，进入涌流的通道存在一个反馈回路，即"自律→锁定目标任务→激发内在力量"。个体必须足够自律，这样才能努力平静情绪，使注意力达到高度集中状态。而这种状态会使得个体牢牢锁定目标，从而能够最大限度地激发内在的动力，使得目标任务完成过程变得愉悦而又高效。对于抵触学习的孩子来说，父母同他沟通的过程中，可以经常使用肯定的方式，鼓励孩子更自律，从而激发他的学习涌流。

社会心理学家罗森塔尔有这样一个实验：罗森塔尔和他的助手在一所小学里选择了18个班，并运用心理学上的自我实现语言，对这18个班的学习进行肯定式未来发展趋势测试。所谓自我实现语言，即我们对他人的心理预期会使对方产生超这个方向努力的倾向。

实验方式是这样的，罗森塔尔以赞许的口吻做了一份“最有发展前途者”名单，他将此名单教给校长以及相关老师，并叮嘱他们保守秘密。事实上，罗森塔尔的名单人员是随意写上去的。结果，8个月后，罗森塔尔对18个班的学生进行复试，发现，凡是在名单上的孩子们，成绩取得了很大的进步，他们在性格上也更为自信，求知欲更强，且乐于帮助他人，愿意和同学交流。

事实上，当罗森塔尔将名单交给校长和相关老师的时候，他们就对名单上的孩子产生了积极的心理预期，在与这些孩子沟通时，更多的情况下是不断肯定他们的行为与学习，孩子们感受到鼓励与支持，就会更加积极、好学而自信。

进入涌流的第二种捷径

从第二种捷径来说，心理学家齐克森米哈里认为，人们在任务要求稍稍高于平常时最能集中精神，而且他们在这个时候的表现也会优于平常。如果对他们要求过低，人们会觉得任务乏味。如果对人们的要求过高，他们会觉得任务是难以应付的，并因此产生一定的焦虑感。而涌流则在乏味与焦虑的中间地带。父母在与孩子沟通时，可有意识地和孩子一起将学习任务调整为范围与焦虑之间，难度是跳一跳就够得着。

有一个青春期的男孩非常讨厌学习，一提起学习就头疼。他爸爸带他看心理医生无效，平时也会吃一些补脑的保健品，也丝毫没有改善。但当

他咨询之后，情况就出现了极速大逆转，孩子喜欢上了学习，并且再没有因为学习的事情头疼过。他是怎么做的？

他和孩子商量，一起重新制作学习计划。孩子喜欢玩游戏，那么他们就将枯燥的学习任务分段成一个个看上去有点难度但又不是太难的游戏小任务。孩子每次闯过一关，都会得到一定的奖励，这些奖励有时候是知识本身，有时候也会是孩子心仪的礼物。在这种奖赏机制下，孩子在学习上逐渐产生忘我的状态，找到了学习的涌流。

6.解除压抑：消极否定→积极思考

家长微信录

我儿子今年16岁，高中二年级。最近半年他天天莫名地烦躁，容易发脾气，不想上学。翻看他的朋友圈发现一段让我们惊慌失措的文字：学习压力真大，在一个万般皆下品，唯有成绩高的环境里生活，有什么意思？压抑，太压抑！周围所有人，所有事都是围绕成绩转圈的。气氛压抑得使人想自残……

破解青春期孩子行为心理密码

青春期的孩子，面对生理、心理的急剧变化，心理上已经有些迷茫与不知所措。再加上外界环境中，来自父母、老师、学校对成绩的过分重视以及其他方面的一些因素，这使得很多青春期的孩子都会产生一种压抑的心理。

在心理学上，压抑是一种对待情绪的方式，它是指个人受挫后，不是将变化的思想、情感释放出来，转化出去，而是将其压抑、集聚在心头，无视现实中烦恼的存在。压抑虽然能够暂时减缓焦虑、抑郁等负面情绪，但并不是使这些情绪消失，而是变成一种负面的潜意识，使身心承受其双重破坏性。

一般来说，内向的孩子更容易产生压抑，他们遇到烦恼时，不是积极地化解，而是采取退缩、回避的方式，自我克制，自我约束，以便息事宁人。青春期孩子们压抑心理的行为表现主要有这样几种：忧郁、厌倦、优柔寡断、社交障碍、躯体化焦虑等。

青春期孩子喜欢的沟通方式

看得出，上面这个孩子其实是一个“懂事”的孩子。他在生活中或学习上遇到任何困难，都不愿意倾诉表达，他将所有的负面情绪压抑起来，自己慢慢咀嚼这种痛苦不堪。在这种貌似“懂事”的背后，其实反映了其父母的沟通方式存在一定问题。

从消极否定的沟通到鼓励孩子积极自我表达

从教育沟通方式的角度来说，这个孩子的父母可能犯了一些错误。例如，一些孩子在小的时候，玩具被抢了，他很难过。而父母的沟通方式不是认同其情绪，不是和孩子一起寻找解决问题的方法，而是告诉孩子：“你要懂事，要懂得分享，让着别人。”孩子在这种沟通模式下，会认为自己感觉委屈、无助等是不对的，这些情绪是不应该被表达的。

再如，在孩子的青春期，父母想要决定孩子上哪一所学校，学什么样的技能。有时候，孩子并不认同父母的想法，感到愤怒，认为父母侵犯了自己的界限。但是因长期不良的沟通方式的影响，他的习惯性思维会告诉他：“父母的决定都是为了我好，因为父母是爱我的。我不应该愤怒，我应该顺从。”

孩子压抑自己的负面情绪，其实来自于这种错误沟通方式中所得到的对自我的否定。当孩子长期压抑自己的负面情绪，就会形成消极否定的思维，孩子也就越发压抑，形成一种恶性循环。

父母首先需要做的是改变自己的沟通方式，在与孩子沟通时，去认同、接纳孩子的负面情绪。父母可以说："那的确不好受，能说说看吗？""确实，这样的情况使人感觉不舒服。""看上去确实有点难过。"当父母认同孩子的情绪后，孩子才不容易压抑情绪，而是愿意分享自己的事情。此时，父母可鼓励孩子自我表达情绪，可以说："说出来心里就舒服了""你的真实的感受是什么？""压在心里不好受，你需要发泄出来。"通过对自我表达的鼓励，引导孩子从负面情绪中学习一些必要的情商技能。

和已经习惯压抑情绪的孩子聊一聊压抑的危害

对于已经习惯压抑其情绪的孩子来说，父母在与其沟通的时候，也不妨和孩子说说压抑的害处。父母可以从网络或书籍中搜索一些关于压抑情绪的负面作用，讲给孩子听。你可以给孩子讲讲这些：

人们有时候为了维持关系的和谐，会选择压抑负面情绪，事实上，这反而会破坏彼此的关系。曾有研究发现，第一次世界大战之后，很多在战前跟家人关系很好的士兵，回来后，性格上发生了很大的变化，他们大多变得冷漠，沉默寡言，忧郁，烦躁。他们无法像以前那样，与自己的家人友好相处。为什么？因为他们在战场上经历了太多的恐惧、悲伤，他们将这些负面情绪强行压抑在内心深处，这致使他们与其他人的关系变得疏远，哪怕是曾经至亲的家人都不例外。

情绪如同一条河流，通常，为了防止情绪泛滥，人们会建起高大的堤坝，堵住情绪的出口。压抑情绪就是如此。但是，一旦负面情绪压抑到一定程度，就会冲破心理堤坝，泛滥成灾。还有的时候，被压抑的情绪会选择其他的出口来释放。如有的孩子生活的家庭环境糟糕，父母之间不是吵架就是打架。在这样的环境下，孩子将愤怒、悲伤、无助、绝望等负面情绪压抑起来，但是在他长大之后，特别容易和妻子或丈夫生气发怒。其实是他童年的被压抑的原生情绪没有得到有效处理，在经过长时间的压抑之后，就会变成派生情绪，寻找另一种方式爆发。

《黄帝内经》上有这样的理论："怒伤肝，思伤脾，悲忧伤肺，恐惊伤肾。"压抑情绪会给身体带来一定的伤害。现代医学研究也发现，我们所患的疾病，很多都是来自精神创伤。世界心理卫生组织曾做过一项调查，发现80%的人被压抑的情绪最终是以攻击自己的身体器官为代价来释放的。

当父母向习惯压抑情绪的孩子讲述压抑的危害时，需要注意必须有理有据，但不要以说教的形式去沟通，而是利用一些机会告诉孩子，可以是看电视的时候恰好看到，可以是上网时得知的，也可以是一起阅读时发现的。总之，不要太刻意为之。

7.破解恃强凌弱带来的负面情绪

家长微信录

最近，儿子总说胃疼，不想上学。直到我们发现儿子胳膊肘和腿上的淤青后，才知道了真相：儿子在学校被一帮高年级男孩子欺负，一开始是嘲弄他，后来就是故意推搡他，并且还在学校里造谣说儿子是同性恋。儿子每天都在孤独、自卑、自暴自弃中度过，希望快速转学。该如何帮他呢？

破解青春期孩子行为心理密码

恃强凌弱可以说是青春期孩子或父母们所公认的一个可怕的问题，也是媒体上常年频繁讨论的话题。青少年问题研究者丹·奥尔维斯对其定义为：以伤害对方为目的，多次故意对一个很难保护自己的人做出一些残忍或伤害性的行为。欺凌者双方存在一种明显的力量不对等差距。

不论是欺凌者，还是被欺凌者，其实都是有问题的。如果一个十几岁的孩子感觉自己足够好，也得到了足够的爱，那么，他就不会有欺负别人的需求，相反，只有他感觉自己被忽视，缺乏自信时，他们才会以欺负别人来引起关注和认可。还有的欺负别人的孩子是因为曾经受到过同样的伤害，所以从报复中寻找心理平衡。而被欺凌者也有自己的弱点，孤立、不合群、自卑、软弱、羞怯等，而这些弱点恰好又助长了欺凌者的气焰。

青春期孩子喜欢的沟通方式

发生在青少年之间的恃强凌弱的行为，有的体现在语言上，有的体现在肢体上或情感上，恃强凌弱的行为有时是面对面发生的，有时也会发生在互联网上。单方面期待欺凌者学会共情，或者希望被欺凌者强大起来，并不现实。作为欺凌者或被欺凌者的父母，你必须积极采取措施，联合学校老师，一起来帮助孩子学会正确解决问题的方法。从沟通的角度来说，建议欺凌者或被欺凌者的父母在沟通中使用这些方法：

被欺凌者父母所采取的沟通方式

当孩子们之间发生一些冲突时，很多父母都懂得给孩子自己处理事件的权力，以帮孩子学会处理人际冲突的方法，从中成长起来。但是，当孩子遇到恃强凌弱的问题时，父母就必须保持足够的警惕，并及时介入干预。

作为被欺凌者的父母，一方面，要注意同学校老师、校长沟通此事，寻求共同帮助；另一方面，可以以家庭会议的方式，集体参与讨论帮助孩子化解孤僻与自卑的弱点，鼓励孩子走出被欺凌的阴影。

有一位妈妈带着女儿来咨询。她女儿脸上长满了青春痘，她总是低着头，说话声音很小。这个女孩当时是初中二年级下学期，她说，自从上学期开始长青春痘后，班里的一个女生就带头给她起绰号，叫她“女版八戒”，后来她们变本加厉，每次见到她，都要羞辱她一番，说一些非常难听的话，诸如“你这样的还配活着”“我要是你妈，早就跳楼了”之类的话。演变到最近，她们甚至会趁人不注意，故意将她推倒在女厕所。有一次，被推倒时，她脸上甚至还沾了一脸的尿。这使她无论如何都不想去学校。

怎么办？当时给她妈妈的建议就是：第一，与学校班主任或校长进行沟通，在班会或学校大会上帮助被欺负者意识到问题，学会共情，学会以恰当的方式表达自己寻求关注、权力的需求。第二，与孩子进行沟通，让孩子明白，没有必要去搭理那帮孩子，见到他们就走开。表现出足够的自信，即便这些自信是假装的。学会保护自己的一些方式，如通过参加一些兴趣小组，找到志同道合的朋友，变得合群；反击，要明白，最好的防御就是进攻，鼓起勇气告诉那帮孩子“不要冒犯我”；参加防身训练，并不是以暴制暴，而是增强自己的能力和自信；向老师或其他同学寻求帮助等，从而不再助长被欺负者的气焰。几个月后，这个女孩子就走出了被欺凌的阴影。

欺凌者父母所采取的沟通方式

对于欺凌者的父母来说，在知道孩子的错误行为之后，采取的沟通方式通常有：狠狠地批评孩子一顿；以打骂的方式来教训孩子；禁足、羞辱等。但这些沟通方式何尝不是造成问题的根源。因为这种漠不关心、充满

愤怒的沟通方式造成了欺凌者内心的寻求过度关注与寻求权力的欲望。他通过欺凌他人来满足自己的内心需求。

教育学家简·尼尔森建议，作为欺凌者的父母，在与孩子沟通时，不妨使用这样三个步骤：第一步，与行为不良的孩子建立情感联结；第二步，找不不良行为背后的原因；第三步，帮孩子从错误中学会成长。

有位爸爸来咨询，他说他经常被叫到校长办公室，儿子都快要被开除了。询问之后了解到，他儿子和高年级的两个孩子联合起来，欺负学校里几个男生。这位父亲并不是没有批评教育过儿子，可是一点作用都没有，儿子的叛逆有增无减。

怎么办？建议这位爸爸采取新的沟通方式。一个月后，再次遇到这位爸爸，他讲到新的沟通方式所带来的积极结果。他对儿子说："我很遗憾又发生了这样的事情，我们好好聊聊。""你能告诉我，你当时是什么感觉吗？""你认为那个男孩会有什么感受？""如果你是他，周围的几个男孩总是故意给你找茬，你会有什么样的感受？"

这位爸爸通过一系列问句引导儿子去感同身受被欺负者的心理状态。儿子终于觉得自己做错了。此时，这位爸爸再趁热打铁，提出建议："你觉得我们能做些什么来弥补这种错误呢？"儿子指出，他想向当事人道歉，并希望得到原谅。但是需要爸爸答应他一个条件，就是以后花更多时间来陪他。爸爸在儿子面前也反思了自己因为工作忙而对孩子的忽视，父子之间冰释前嫌，在解决了欺负他人这个问题的同时，还解决了另一个问题，那就是，爸爸对儿子的关注不够。

8.人际受困：同理心与情绪展示

家长微信录

女儿到了青春期后，比以往任何时候都渴望友谊，但是也因为不懂得与同龄人交往而烦恼不堪。老师和同学对她的评价是：“有智商，没情商。”她自己整天也说自己“情商为零”。我该如何帮她提升情商？

破解青春期孩子行为心理密码

很多父母都将孩子人际关系不好归结为情商低，但情商≠人际关系，人际只是情商的范畴之一。心理学博士丹尼尔·戈尔曼认为，情商包括五方面内容，即：认识自己情绪的能力，能够察觉某种情绪的出现，审视内心体验；妥善管理情绪的能力，能够适时适度表达情绪，调整情绪；自我激励的能力，能够依据目标，调动、激发情绪；认识他人情绪的能力，能够通过细微社会信号，敏锐感受到他人的需求与欲望，奠定沟通基础；管理人际关系的能力，调整自己与他人的情绪，管理人际关系与交往。

情商中认识他人情绪的能力以及管理人际关系的能力会直接对人际关系产生巨大的影响力。通常，在孩子们小时候，他们会重点去学习一些知识或基本技能，而进入青春期之后，与同龄人的关系或社会交往就会成为他们的重要目标之一。他们渴望在人际交往中得到理解和尊重，找到强烈的存在感。此时，一旦孩子在人际交往方面受挫，他们甚至会对自我产生糟糕的感觉。因此，父母在与孩子沟通时，适时教给孩子一些“认知他人情绪的能力”以及“管理人际关系的能力”是十分有必要的。

青春期孩子喜欢的沟通方式

情商中的“认知他人情绪的能力”与“管理人际关系的能力”的提升，可有效帮孩子建立与他人之间良好的人际关系，减少不必要的人际摩擦，提升个人在群体中的影响力。“认知他人情绪的能力”中，最为重要的一点就是“同理心”。同理心，即了解他人感受的能力。人们的情绪更多的是体现在其他非语言信号中，而语言表达出来的情绪所占比例并不多。因此，理解他人非语言信息，感知他人感受的能力就尤为重要。

提升孩子同理心的方法

心理学家罗伯特·罗森塔尔做过一个实验，受测者们为来自19个国家的7000多位人士。他让人拍下一位年轻女性表达各种感受的录像，比如嫉妒、厌恶、请求、原谅、感激情绪等。经过刻意剪辑，录像的每一组画面都被系统屏蔽了一种或多种非语言传播渠道，比如删掉声音，去掉面部表情与肢体动作之外的其他线索。研究发现，在这些受测者中，能够根据非语言线索理解情绪的人，通常具备这样一些特点：善于调解情绪，性格更加外向，更容易受人欢迎，情绪也更加稳定。

可以说，同理心的核心是换位思考后的共情。情商中的同理心在人际关系中占据了很大的比重。那么，我们又该如何帮孩子提升同理心？

一方面，在平时与孩子沟通时，父母可以充分向孩子展示自己的同理心，站在和孩子同样的立场上，体验孩子的所知，所想，所感。去理解、接纳孩子的情绪，对孩子所经历的事情或感受感同身受。这种沟通模式也会在潜移默化中影响孩子与其他人沟通时的思维模式，提升孩子的同理心。

另一方面，可以通过训练来提升孩子的同理心。心理学家阿瑟·艾伦提出了表达同理心的七个步骤，父母可以在训练孩子同理心时采纳这种

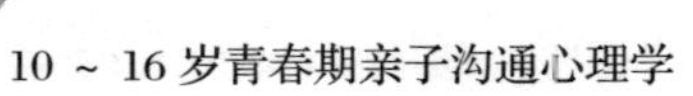

方式。

第一步：问开放式问题。想让对话持续，可以多使用一些开放式问题，如“你如何看待这件事？”“你是怎么想的？”等。

第二步：放慢脚步。安慰对方，给对方时间来整理思绪，同时，也是为了让自己能精准把握对方的心理。

第三步：判断或决策不要太早。不要根据对方的话语，过早对对方下结论，而是充分发挥同理心，先感受并接纳对方的情绪。

第四步：注意身体反应。对方说话时，你不能看手机或做其他一些事情，也就是说，不要表现得心不在焉，这样很容易失去对方的信任感，使同理心不能发挥作用。

第五步：了解过去。了解对方的过去与现在的关联，可以有效地帮助对方找到问题的解决方法。

第六步：让故事说出来。引导对方说出自己的故事，当对方讲述的故事越多，越具体时，也就越容易从表象进入对方的内心世界。

第七步：设定界限。对方的问题，始终是对方应该独立面对的。同理心是感同身受与理解，但并不代表要代替对方去解决问题，所以，同理心应建立在一定界限的基础上。

教给孩子一些技能，提升人际情绪管理能力

情商中“管理人际关系的能力”即为调节他人情绪而表现出来的情绪技巧。一般来说，能够处理好人际关系决定了孩子是否被社会、团队、群体接纳与受欢迎的程度。在管理人际关系能力中，最为重要的是展示情绪的能力。即能否向他人展示自己的情绪，并以自己所展示的情绪对他人产生影响力。

展示情绪的能力是社交竞争力的关键所在。情绪展示能力包括三方面：第一种，情绪表达最小化，掩饰自身情绪感受；第二种，放大情绪，

夸大感受；第三种，情绪替换，即用一种情绪替换另一种情绪。如果会伤害某人，最好隐藏真实情绪感受，代之以伤害较小的情绪感受。恰当使用这三种情绪展示方式，并使得情绪展示能感染和影响接受者，是情绪智力高的一种体现。

情绪展示的一部分规则来自社交礼仪，如什么时候该道谢，哪些客套话更合适这种场合，什么时候应该表现表现得彬彬有礼等。另一方面，情绪展示技能还可在一些经历、事件中得到提升。无论是社交礼仪，还是经历、事件中所得到的经验，都可以通过家庭沟通的方式传递给孩子。例如，在孩子要去参加一个大型宴会时，及时传递给孩子一些社交礼仪，当孩子在与聚会中感觉手足无措时，告诉孩子与其他人情绪保持一致步调能迅速融入其中等。这些沟通时所传递的情绪表达方式，能很好地引导孩子的人际交往，逐步提升孩子人际方面的情商。

9.摆脱上瘾：从情绪到行为的路径沟通法

家长微信录

初中二年级的女儿在追剧方面严重上瘾。她推掉了所有的才艺培训班，一到周末，一整天都把时间花在没完没了的电视剧上。她常常沉迷其中，不能自拔，做梦都想嫁给霸道总裁。写作业的时候，甚至作业上都写成了电视剧里的人名。我该如何把她从电视剧里拉到现实生活中？

破解青春期孩子行为心理密码

能使青少年上瘾的行为很多，如烟酒、赌博、异性、电视剧或小说、购物、网络、贪吃、追星、炫耀等。上瘾行为一方面要归结为生物依赖，另一方面要归结为心理依赖。

吸烟、喝酒等上瘾症，属于通过药物人体的肾上腺激素、多巴胺、腺体分泌的刺激，使人产生生物依赖，导致上瘾行为；上网、追剧、购物等行为，是通过生物奖励机制形成的，当青少年认为上网、追剧、购物，好玩、刺激、有趣时，他的大脑就会分泌激素，这些激素会使人更加沉迷这种行为，而对其他事情失去了兴趣。当孩子沉迷于某些行为时，他会感受到这些行为带来的快乐与满足，建立最初的生物刺激并逐渐形成习惯。当他习惯之后，心理上就会对这些上瘾行为产生认同与归属感，沉陷其中，即便知道这种行为不对，但难以控制。

针对上瘾行为的科学研究发现，上瘾行为严重到一定程度时，会导致大脑功能层面发生变化，改变青少年的大脑结构，引发一系列情绪问题，诸如严重的失眠、抑郁、焦虑等。

青春期孩子喜欢的沟通方式

想帮孩子摆脱上瘾行为，使孩子拥有健康积极的情绪体验，最为根本的还是要搞清楚孩子为什么出现这样的上瘾行为？这样的上瘾行为背后隐藏的是什么样的情绪与心理？

以游戏成瘾为例，英国卡迪夫大学做过一项研究，通过对2316名18岁左右的网游玩家的调查发现：无论是孩子还是成人，在游戏上瘾的表象背后，其实是因为他们在生活的一些领域感觉不快乐，比如家庭关系、学习成绩、职业等。

其他领域的上瘾行为又何尝不是如此，自拍狂，健身达人，追剧忠粉，美食吃货……归根结底是内心的某种情感缺失需要从这种上瘾行为中找到补偿。但这种上瘾的行为虽然可以暂时缓解他们内心的某种痛苦或缺

失，但长久下去，却影响了其生理与心理健康、学习能力、社会交往等。

弄清楚上瘾行为背后的情绪

孩子在一开始出现某种上瘾行为时，这种行为本身其实只不过是孩子用来逃避或缓和焦虑、愤怒、抑郁等负面情绪的“药物”，但这种短期的良好感受换来的却是长久的沉迷与低落。

当父母和孩子沟通时，第一要务是要弄清楚，他成瘾行为背后所逃避的是一种什么样的情绪。

有一位16岁的男孩已经酗酒两年，他经常会在外面偷偷和同学一起喝酒，也会在家里偷他爸爸的酒喝。他爸爸先是苦口婆心地告诫他酒瘾对一个人的负面影响，教育他不要去喝酒，但丝毫没有效果。

从酒精成瘾来说，情商之父丹尼尔·戈尔曼通过研究发现，酒精成瘾通常有两种情绪诱因。第一种是童年时期高度紧张和焦虑的情绪，当这些孩子到了十几岁时，就很容易通过酒精来缓解焦虑和紧张的情绪。前额叶主要是负责缓解焦虑、控制冲动、储存行为后果、作出决策的大脑区域。丹尼尔·戈尔曼指出，对酒精上瘾的人前额叶功能失调，这种缺陷使得他们并不像其他人那样能够发挥前额叶的作用，最终导致上瘾。

丹尼尔·戈尔曼认为酒精成瘾的第二种情绪诱因是高强度的痛苦、厌恶、冲动等负面情绪。孩子在儿童时期，受到此类高轻度负面情绪的冲击，多表现为过度活跃，喜欢惹是生非，而到了青春期以及成年期，他们更倾向于寻求刺激与冒险，选择酒精来稳定高强度负面情绪。

除了酒精上瘾，其他的上瘾行为的根源其实都是情绪问题。只有找到这些根源性的情绪，为孩子提供处理这些能力的方法，逐步提升孩子处理情绪的技能，孩子才会逐渐摆脱这些负面情绪的困扰，上瘾行为才会逐渐消失。

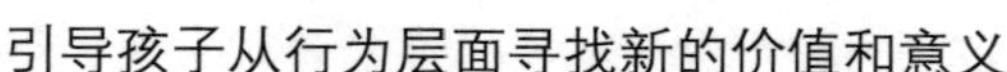
引导孩子从行为层面寻找新的价值和意义

上瘾行为一旦形成，会给孩子带来很大的纠结、痛苦与迷茫。但是如果我们换一个角度来看，如果孩子上瘾的东西是学习呢？这种情况下，可以说上瘾用对的地方就是坚持。在此，我们提供几种应对上瘾行为的方法。

为上瘾行为找到代替物。所有上瘾都是从生物依赖到心理依赖。因此，可以采取代替物的方式，建立一种新的平衡来打破原有的这种平衡。比如，孩子上网成瘾，每天晚上都要玩到一两点，如果不让他继续这种行为，他会失眠，焦虑，很难坚持下去。怎么办？父母可以建议他将学习设计成一款游戏或者用感兴趣的学习项目来代替上网。一段时间后，孩子建立其新的快感，就不容易对网络上瘾了。

构建远离诱惑的新的学习或生活环境。无论是上瘾行为本身还是其背后的负面情绪，都或多或少是受到了周围环境的作用力。

通常，在我们看来，无论是孩子还是成人，友谊的形成关键要素是相互之间是否具有相似的价值观，信仰或生活态度等。但心理学家研究发现，友谊的形成其实远比我们所想的更加简单粗暴。你经常碰到谁，交往频率，物理空间等因素是促成友谊的关键要素。上瘾行为也是如此，你可以建议孩子远离上瘾的环境，比如对于刷手机上瘾的孩子来说，你可以建议他们在睡前将手机放置在客厅，就能有效帮助他们缓解或解除刷屏上瘾行为。

利用逆向思维，拆解上瘾模式。容易引发上瘾行为的事物通常具有一定的上瘾模型。以能引发上瘾行为的电视剧为例，一般来说，编剧为了使观众追剧，会在每一集开头或结束时使用“袢子”，设置悬念。人们看了一集后会忍不住不断期待接下来的一集，不知不觉进入了预先设置的陷阱。对于追剧上瘾的孩子，在沟通时，可建议他使用逆向思维。可以建议

他在看每一集快要结束的8分钟，祥子即将出现时，停止观看。这样可有效减弱电视剧的“奖赏”机制，使个体不容易从中获得愉悦感，也就有效避免了行为上瘾以及由此带来的负面情绪困扰。

参考文献

[1][美] 简 · 尼尔森, 琳 · 洛特.十几岁孩子的正面管教[M] .北京：北京联合出版公司，2014.

[2][美] 简 · 尼尔森, 琳 · 洛特.教室里的正面管教[M].北京：北京联合出版公司，2014.

[3][美]弗朗西斯 · 詹森，艾米 · 艾斯利 · 纳特.青春期的烦“脑”[M]. 北京：北京联合出版公司，2017.

[4]王莉.青春期孩子的正面管教[M].长春：北方妇女儿童出版社，2015.

[5][美]丹尼尔 · 西格尔.青春期大脑风暴：青少年是如何行动和思考的[M].杭州：浙江人民出版社，2017.

[6][美]弗兰克 · 赛斯诺. 提问的力量：风靡美国政界与商界的11种提问模型[M].北京：中国友谊出版公司，2017.

[7][日]内藤谊人.如何问，别人才肯说[M].北京：同心出版社，2015.

[8][澳]迈克尔 · 霍顿.自控力成就孩子一生[M].北京：机械工业出版社，2017.

[9][美]鲁道夫 · 德雷克斯，薇姬 · 索尔兹.孩子：挑战[M].北京：生活书店出版有限公司，2017.

[10][美]阿黛尔 · 法伯，伊莱恩 · 玛兹丽施.如何说少年才会听，怎么听少年才肯说[M].北京：中央编译出版社，2017.